# 人际传播学理论研究

张瑞瑶◎著

吉林出版集团股份有限公司
全国百佳图书出版单位

图书在版编目（CIP）数据

人际传播学理论研究 / 张瑞瑶著 . -- 长春：吉林出版集团股份有限公司 , 2022.12

ISBN 978-7-5731-2760-0

Ⅰ . ①人… Ⅱ . ①张… Ⅲ . ①传播学－理论研究 Ⅳ . ① G206

中国版本图书馆 CIP 数据核字 (2022) 第 220962 号

### 人际传播学理论研究
RENJI CHUANBOXUE LILUN YANJIU

| | |
|---|---|
| 著　　者 | 张瑞瑶 |
| 责任编辑 | 祖　航　林　琳 |
| 封面设计 | 李　伟 |
| 开　　本 | 710mm×1000mm　　1/16 |
| 字　　数 | 190 千 |
| 印　　张 | 12 |
| 版　　次 | 2023 年 3 月第 1 版 |
| 印　　次 | 2023 年 3 月第 1 次印刷 |
| 印　　刷 | 天津和萱印刷有限公司 |

| | |
|---|---|
| 出　　版 | 吉林出版集团股份有限公司 |
| 发　　行 | 吉林出版集团股份有限公司 |
| 地　　址 | 吉林省长春市福祉大路 5788 号 |
| 邮　　编 | 130000 |
| 电　　话 | 0431-81629968 |
| 邮　　箱 | 11915286@qq.com |
| 书　　号 | ISBN 978-7-5731-2760-0 |
| 定　　价 | 72.00 元 |

版权所有　翻印必究

# 作者简介

**张瑞瑶** 1988年9月出生，山东济南人，山东财经大学文学与新闻传播学院讲师，澳门科技大学文化、媒介与传播学博士，主要研究方向：人际传播、健康传播、媒介行为和心理研究。近年来在《新闻记者》《International Journal of Communication》等期刊发表学术论文10余篇，参与多项国家社科基金、教育部教改、省级教改项目。

# 前　言

　　从人类诞生开始，为了个体的生存和族群的发展，人们就不断地进行沟通和传播。人际沟通与传播是与人类互为因果、共生共存的一种社会现象。作为个体，谁也不可能真正与世隔绝。人总是处于与他人紧密联系的互联传播圈中，沟通与传播不仅是人类生存与发展的必然之途，也是人类精神领域的永恒渴求。逃避孤独是人类与生俱来的本能倾向，自出生之日起，人类便踏上了表达与倾听之途。终其一生，人类竭尽所能运用自身拥有的语言文字、肢体动作等各种手段，传达信息、获取认同、赢得支持。同时，人类也在不断观察世界的过程中，接收来自他人的信息，以便了解生存环境，应对挑战，并给予他人理解。

　　人际传播的理论和解释框架可谓林林总总，对人际传播现象以及研究文本的阐释也因人而异，但无论如何，人际传播的技巧和能力是任何年龄和专业背景的人都需要的。如何在复杂的、充满竞争的社会中立于不败之地，如何在人际交往中游刃有余，如何与我们生命中最重要的人通过良好沟通保持顺畅的关系，不仅影响我们的物质福利和职业成败，还影响我们的精神、心理健康和生命质量。因此，人际沟通的技巧成为许多人苦思冥想的对象。本书旨在对人际传播理论进行阐述与分析，帮助读者提升人际沟通的能力与技巧。

　　本书为人际传播学理论研究，第一章为人际传播，主要阐述以下三部分内容，分别为人际传播概述、人际传播的功能与特点以及人际传播的构成要素；第二章为人际传播学基础研究，重点分析了人际传播学基本问题、人际传播学基本理论和人际传播学基本模式三方面内容；第三章为人际传播现象的解析，包括四部分内容：身份认同与人际传播、情感支持与人际传播、社会支持与人际传播以及机器媒介与人际传播；第四章为人际传播的语境与形式，重点阐述人际传播中的自我呈现、人际传播中的人际互动、人际传播中的家庭关系三个方面；第五章为人际传播的能力与技巧，主要分析了五部分内容，包括人际传播中的沟通礼仪、人际传播中的语言传播技巧、人际传播中的非语言传播、人际传播中的冲突管理以及跨文化视域下的人际传播；第六章为人际传播的变化与展望，分别阐述了人际传播的新变化以及人际传播的发展趋势。

在撰写本书的过程中，作者得到了许多专家学者的帮助与指导，参考了大量的学术文献，在此表示真挚的感谢。本书内容丰富新颖、系统全面，论述深入浅出、条理清晰，但由于作者水平有限，书中难免会有疏漏之处，希望广大同行及时指正。

张瑞瑶

2022年5月

# 目 录

第一章 人际传播 ································································· 1
  第一节 人际传播概述 ························································ 1
  第二节 人际传播的功能与特点 ············································ 13
  第三节 人际传播的构成要素 ··············································· 22

第二章 人际传播学基础研究 ················································· 29
  第一节 人际传播学基本问题 ··············································· 29
  第二节 人际传播学基本理论 ··············································· 41
  第三节 人际传播学基本模式 ··············································· 49

第三章 人际传播现象的解析 ················································· 58
  第一节 身份认同与人际传播 ··············································· 58
  第二节 情感支持与人际传播 ··············································· 64
  第三节 社会支持与人际传播 ··············································· 71
  第四节 机器媒介与人际传播 ··············································· 73

第四章 人际传播的语境与形式 ·············································· 85
  第一节 人际传播中的自我呈现 ············································ 85
  第二节 人际传播中的人际互动 ············································ 88
  第三节 人际传播中的家庭关系 ············································ 105

## 第五章 人际传播的能力与技巧 ·········· 118
### 第一节 人际传播中的沟通礼仪 ·········· 118
### 第二节 人际传播中的语言传播技巧 ·········· 125
### 第三节 人际传播中的非语言传播 ·········· 138
### 第四节 人际传播中的冲突管理 ·········· 147
### 第五节 跨文化视域下的人际传播 ·········· 160

## 第六章 人际传播的变化与展望 ·········· 173
### 第一节 人际传播的新变化 ·········· 173
### 第二节 人际传播的发展趋势 ·········· 176

## 参考文献 ·········· 181

# 第一章　人际传播

在传播学中，人际传播是最普遍、最基础、最悠久的传播现象。本章对人际传播进行整体阐述，包括三部分内容，分别为人际传播概述、人际传播的功能与特点、人际传播的构成要素。

## 第一节　人际传播概述

### 一、人际传播的含义

作为人类生活中的一种基本行为，人际传播行为时刻伴随在人类左右。人类作为群体性与社会化的动物，在日常生活中，其为满足物质生存与精神生存的需要，必须与他人进行交流。

无论时代如何发展，人类想要在这个世界上正常地生存与发展，就需要与他人进行交流与合作。世界上的每一个人都生活在多种多样的现实关系网络当中，在日常生活中，传播属于一种无处不在的自然而然的活动，人类建立传播关系，主要是为了能够与周围环境，特别是与周围的人类环境建立联系。

只有与周围的人进行接触之后，才能够确定人的存在。对于人来说，传播是决定"我们是谁"的一个过程。总的来说，人只有与他人建立相互之间的联系之后才能够存在，并且成为一个完整的人、一个有着自我属性的人。对于一个人来说，他是由两部分组成的，分别是自己与表达。

对于一个人来说，表达与交流是生活中不可或缺的一部分。要想成为一个人，就必须借助某种表达来完成，若是脱离表达去追求结果，就不可能有更高形式的存在。人际传播指的就是人生命之际本能的传播，是作为人类社会关系的基础而存在的，它不仅是最为基础的社会传播活动，而且还对个人形成相应的自我认知发挥着极为重要的作用。

具体而言，人际传播深刻地体现在社会化过程当中。个人的作用是人类社会传播中最为本质的属性，作为传播学研究中的基础领域，深刻影响了群体、组织传播和大众传播。由此，我们可以确定，作为人类传播中的基本形式，人际传播是构成人类社会中其他传播形式的基本单位。作为人类社会当中最广泛、最重要且最复杂的一项社会行为，人际传播还能够在维系与形成人类社会、孕育与延续文化等方面发挥重要作用。

### （一）国外学者对人际传播的界定

传播学在西方发展得比较成熟，并且西方研究人际传播的著作也比较多。关于人际传播界定的论述，主要可以分为以下几个方面：

#### 1. 立足人际传播意义角度界定

关于人际传播这一概念及其界定，在20世纪80年代中期，美国学者麦克洛斯基等人联合出版的人际传播学的著作《一对一，人际传播的基础》有着崭新的理解，他们在研究中对人际传播的概念要素重新进行了梳理，并将其放置于一对一的传播情境当中，正式确定了人际传播就是人与人之间进行意见交流的观点。这些人认为，在传播当中，有两种完全不同的使用情境，分别是交换信息与激发意义。一般情况下，人们就是在这两种不同的情境之下使用"传播"这一词语的。被大多数人所忽略的一点是，在使用传播这一形式进行人与人之间信息交换的时候，"communications"的表达形式为复数，这也就表明传播自身有着工具的性质。

需要注意的一点是，在传播被用来对意义的创造进行强调的时候，传播所指的就是某一事物在人的心中被引发的过程，在这一过程当中，传播的作用如同刺激物。也因此，他们把传播定义为"一个人运用语言或副语言信息在另一个人心中引发意义的过程"。有部分该领域的其他专家学者认为，这些人对人际传播进行了选择性的理解，即过分突出传播中意义的存在，也就是说这些人认为"人际传播关心的不是信息的传递，而是意义的发生"。

#### 2. 立足人际传播情境角度界定

在对人际传播进行研究的过程中，特伦赫姆、米勒和威尔莫特等人将其放置在了一个更加庞大的历史背景之下，即人的传播。他们基于自己所提出的传播语境中的四条边界范围，对人际传播施加定义，其中，他们所提出的传播语境中的四条边界规定范围分别是：交往者的人数、相互间身体的距离及亲密程度、交往者所能使用的感官渠道的数量以及反馈的直接性与及时性，并且还对那些过分重视人际传播中交往者人数的观点加以批评，毕竟这一观点认为在人际传播的过程当中，应当限定只能两人之间进行交流，一旦有第三人加入，将会引发非常严重的质变。

特伦赫姆认为，若是基于传播的语境角度，对人际传播进行界定的话，可以不用顾忌人数的界限，交往者可以是两人、三人或者多人。其中，在三人或者多人的情况当中，相较于其他传播，处于人际传播中的交往者不仅能够以最大限度使用感官渠道，还能够以最大限度进行人与人之间的互相观看、倾听、言说、品味、触摸等活动。

这一类概念是基于传播情境提出的，在特伦赫姆等人看来，更为重视人际传播的直接性。他们认为，若是基于传播情境对人际传播进行界定，可以不囿于人数的限制，从而更加关注传播渠道。相较于其他传播模式，处于人际传播中的交往者能够最大限度地使用感官渠道，而且在这一过程当中，语言与副语言传播都是存在的。值得注意的一点是，人际传播本身是非结构性的，一切都是即兴发生的，不存在目的与目标。

无独有偶，美国的人际传播学者泰勒·罗斯格兰特与迈耶·桑普莱斯在自己的著作中表达了同样的思想，他们认为"interpersonal"一词中的"inter"和"personal"所表达的是人际沟通，其不仅仅指两个人之间的沟通，也包含着整个人类的沟通。一般而言，我们认为，人际沟通就是指参与者拥有一对一关系的沟通。在大多数情境当中，参与人际沟通的为两到八个人，可以明确的一点是，人际沟通本质上是指参与者在一对一的基础之上所进行的直接沟通。

3. 立足人际传播社会性角度界定

英国谢菲尔德·哈勒姆大学的哈特利在对人际传播进行研究时选取的切入点为人际传播的应用范围及含义。他先对人际传播进行了基本评判标准的确定，共分为三点：其一，人际传播本质上是由一个个体向另外一个个体所进行的传播；其二，要想完成人际传播需要二者面对面；其三，社会角色与关系的不同以及个体的个性特征不同，都会直接影响到传播的方式与内容。

再之后，哈特利还将人际传播的现象进行了分层。

第一层，人际传播需要两个交往者面对面。

第二层，人际传播主要包含两个角色不同的人以及他们之间的相互关系，需要注意的是，这里的角色包括正式与非正式。

第三层，在人际传播的过程中，信息的传递是双向的，交往的双方要有互动。

第四层，人际传播的内容不仅仅是进行信息的交换，还包括创造以及交换意义。

第五层，在进行人际传播的过程中，交往双方都有着自己的交往目标与意旨。

第六层，人际传播是一个持续且展开的过程，并不是某一个事件或者某一系列相关的事件。

第七层，在人际传播中，交往双方所开展的交往是基于自身以往存储的经验进行的，所以说，人际传播是跨越时间的一种积累。

在哈特利对人际传播的定义中，更重视其社会性特征。哈特利认为，人是社会性的动物，人际传播也同样是一个社会过程，在这一过程中，会受到来自社会中各种因素的影响与限制，因其建造了自己的传播模式，也在一定程度上说明人际传播的发生地点位于社会情境当中。处于人际传播中的交往者会围绕社会身份以及社会观念编码，实现叙述与再叙述的双向传播。

4. 立足人际传播特性角度界定

20世纪70年代，美国学者斯图阿特发表了《桥，不是墙——人际传播论》，书中写道："人际传播是桥，不是墙"，突出表现了自身所认为的"唯有通过传播才能获得人与人之间理解"的观点。

在论述当中，斯图阿特坚持认为，人际传播本身是人与人之间的交往，要分辨人际传播与其他类型的传播之间的差别，就需要关注"人际的"和"事际的"这两个描述我们与他人关系类型的词的含义。

在德国哲学家布伯的观点的基础之上，斯图阿特深入了对人际传播的研究。布伯认为，人是处于二重世界当中的，其一是"我与你"，其二是"我与它"，在这两种情形中，人会与世界发生关系。其中，"我与你"指的是精神世界，"我与它"指的是"我"在社会当中与社会事物和人发生关系，这里的"它"指的是为了能够满足自我需求的工具，这个世界的"我与你""我与它"是相互对立却又依存的。布伯认为，尽管人生存在于"我与它"的关系世界中，并严重依赖于这个世界，但是只依赖"它"的世界而生活的人并不算真正意义上的人。

基于布伯的这一思想，斯图阿特将传播分为两类："人际的"与"事际的"。斯图阿特认为，人际传播本身只能与在最大限度上展示人形的特点相关。为了佐证这一观点，他将人性的特点分为以下几个方面：

第一个方面，每个人都是独一无二的，人与人是不能相互置换的。

第二个方面，人不能被测量，因为人本身具有"情感""感觉""精神"。

第三个方面，人本身就有选择的能力，不仅能够反映现实，也能够对问题做出回应，还能够对未来做出规划。

第四个方面，能够进行反思，不但能够对周围的现实加以思考，还能够对自己的思维进行反思。

第五个方面，人具有言说的能力，不但能与人进行交谈，还能够互相之间进行回应。

简而言之，斯图阿特认为，人际传播是两个或者更多的人愿意，并能够作为人相遇，发挥他们那些所独有的、不可测量的特性与选择、反思与言说的能力，同时，能够意识到其他存在者，并与他人发生共鸣时所出现的交往方式、交往类型或交往质量。

5. 立足人际传播动机角度界定

人际传播的"需求论"是由美国心理学家疏兹提出的，他认为人际传播是基于三种人际需求产生的，分别是：包容性人际需求、控制性人际需求、情感性人际需求。

这三种人际需求中的每一种需求都可以分为两个方面，分别是主动与被动。其中，包容性需求可以分为交往、沟通、融合、参与的需求，以及期待他人邀请自己并接纳自己的需求；控制性需求可以分为支配、领导、控制、管理的需求，以及希望彼此之间能够互相制衡、社会能得到控制，但是宁愿接受他人指挥与指导的需求；情感性需求可分为喜爱、同情、照顾的需求，以及期待他人对自己进行亲密性传播的需求。

另外，哈瑞斯认为，人际传播的效果与"生活见解"之间有着十分密切的联系。他总结了四种基本的生活见解，并认为不同的见解会对传播产生不同的影响，分别是："我不好，你好""我好，你不好""我不好，你不好""我好，你好"。也有学者基于抚慰性角度对人际传播内容进行研究，认为人际传播内容本身有着抚慰性的一面，不同的人际传播的抚慰性大小也是不一样的，通过加大抚慰性能够有效增强人际传播的效果。

### （二）国内学者对人际传播的界定

我国人际传播研究领域的学者段京肃、罗锐认为，人际传播本身指的是个体与个体之间所进行的信息传播，其中包含了面对面的交流与非面对面的交流，要想建立起人际关系以及其他社会关系，就必须要利用人际传播。[1]

学者周庆山认为，人际传播在广义上是指人与人之间所进行的信息交流。个人与个人、个人与群体、群体与群体之间利用个人性媒介所进行的信息交流，都属于人际传播。[2]

学者黄晓忠等认为，通常情况下的人际传播，指的是个人与个人之间的双向互动传播。人际传播可能会发生在两个或两个以上的人之间，但是在该领域进行的研究关注点一般是放在一个基本的传播结构上的，具体而言就是两个个体之间的传播形态上。[3]

上述学者的观点主要集中在从人与人之间的关系上，对人际传播进行陈述与理解，这是因为人际传播的本质应当是精神上的交流，具体而言，就是人与人之间意义的创造与交往。人际传播强调的就是通过人际传播能够为个人与个人之间的交流提供合适的知觉环境，能够为双方带来直接的意义创造以及即时的反馈，能够获得心灵上的碰撞与人性的沟通。只有通过意义的直接交流，才能使个人与个人之间的交往关系得到足够的发展，这也正是人际传播与其他人类传播样式最本质的区别。

通过对多位学者的研究进行综合分析，我们可以发现，若是从广义上看，人际传播是个体与个体、个体与群体、群体与群体之间通过个人性媒介而进行的信息交流，其目的是为了能够更好地进行信息的传递以及彼此之间的理解或共鸣。并且需要注意的是，人际传播本身就是其他各种传播形式能够顺利进行的前提与基础。

---

[1] 段京肃，罗锐著．基础传播学 [M]．兰州：兰州大学出版社，1996．
[2] 周庆山著．传播学概论 [M]．北京：北京大学出版社，2004．
[3] 黄晓忠等编著．《传播学关键术语解读》[M]．成都：四川大学出版社，2005．

## 二、人际传播的类型

在人际传播研究领域，对于人际传播进行类型上的划分。不同的学者因出发点的不同，会有不同的分法，作者将在下文对几种主要的划分方法进行阐述。

### （一）人际传播类型的三分法

若是从广义的角度上来看人际传播，个人与个人、个人与群体、群体与群体之间通过语言符号系统与非语言符号系统所进行的一系列的信息传播与情感交流等，都属于人际传播。在通常情况下，我们会将广义的人际传播分为个体间传播、小群体传播与公众传播三种类型。

1. 个体间传播

顾名思义，个体间传播就是指两个个体之间的传播。因为人际传播规定至少存在两个人，这也就说明了不会包括我们自身内部进行的传播。通常情况下，在个人的头脑内所进行的信息活动被称为"自我内部传播"，内部传播是我们与他人进行传播与信息交流的起点。

作为人际传播的基本单位，个体间传播的主要形式为面对面的交流与沟通。当两个独立的个体同处于一个空间中时，语言就成为双方进行沟通的主要载体。诸如个体特定的姿势、眼神、衣着等非语言暗示，也向对方传递着讯息。在两个人的传播沟通过程中，双方都需要全身心的投入，需要及时地领会与把握不断变化的各种讯息。很多时候，我们能够根据对方向我们所表露的各种各样的暗示与信息，在内心勾画出对方的整体图像。

整体而言，两个人面对面的沟通有助于沟通双方控制沟通的走向，产生共鸣。同时，我们也能够根据对方给予我们的整体信息来反馈，达到良好的沟通效果。

科学技术的发展给个体间传播与交流带来了新的契机，人们可以通过书信、电话、电脑等方式进行信息交流活动，尤其是以计算机为媒介的在线交流已经成为人们进行新型人际交流的重要体验。在线交流与面对面交流有明显差异，后文关于这部分内容有详细阐述，此处不再赘言。

2. 小群体传播

所谓的群体，是指三个或三个以上的面对面相互影响的人，为了分享信息、解决难题，或自我维护而结成的有一定目的、结构、准则、内聚力、交际功能的联合体。小群体内部成员之间的信息交流与分享就是小群体传播。例如：当某人坐在饭桌前和家人商量一起度假的事情时，当某人和班上同学一起讨论去养老院看望孤寡老人时，当某人和同事一起谈论工作计划时，当某人和摄影协会的成员一起探讨拍摄技巧时……都是在进行小群体的传播。

与个体间传播相比，小群体传播的途径、方式和面对面传播大体相似，主要使用语言符号系统和非语言符号系统，但也存在一些差异。

第一，最典型的区别在于，面对面传播仅涉及两个人，而群体传播至少涉及三个人。因为规模的增大，更多的渠道和关系可以被利用。随着群体的扩充，潜在的关系也迅速发展。

第二，面对面传播相对较为自由，有着较少的约束和规则，也不总是有特定的目的。当然，非常正式的访问活动等除外，譬如国家领导人之间的正式或非正式会谈，都须遵循一定的准则。小群体传播由于群体自身的性质，其内部往往存在一定的行为准则。它们随着时间的流逝，由群体自身建立起来，也许是自然而然产生的，也许是成员相互制定、要求大家共同遵守的。例如，家庭内部或许会立当长辈说话时不允许孩子插嘴、对老人说话要轻言细语等规矩。群体规则一般不具有法律效力，但可以决定成员参与活动的方式、处理事情的方法及成员所使用的语言等。

第三，群体传播较之个体传播，结构更为复杂。个体传播的两者主要以平等或不平等关系为主，而群体传播内部则有一定的结构。其结构的种类和程度是多样的。结构可包括领导形式。它涉及的是一个影响系统，即谁被谁影响——依地位、权力或一些其他的可变因素而定。结构有时是正式的，有时是非正式的。其领导方式可以是平等的、形式上的、约定俗成的，或者没有领导，群体的构建或许只是为群体成员提供相聚的机会，如同学会、老乡会等。在正式群体中，则会有领导、议事日程和规章制度等。

3. 公众传播

一般而言，公众传播指的是发生在各种公共场合的传播行为，这一类传播的时间与地点都有相应的计划，并需要按照计划开展，在传播的过程当中，需要遵循相应的行为标准与进行程序。公众传播可以看作公开的讲话，可以是单人或多人在一个特定的环境中与有着共同问题的社会群体进行面对面交流，这里的社会群体就是公众,而且公众本身是一个开放的整体,他们不仅仅可以是高度组织化的群体,也可以是分散的个体,甚至还可以是进行临时集合的群体。

在现代社会,民主与法制逐渐健全,与听证会类似的机构逐渐增多,并且伴随着信息化时代的到来,出现了很多能够方便快捷进行交流沟通的平台,这就为公众传播提供了更多的可能性与发展的空间。公众传播这一传播活动的社会性比较强,在未来,会在人际传播领域获得更加广泛的应用,并且还对促进人际传播的研究范围有所帮助。

### (二)效果与动机分类法

若是按照人际传播的效果与动机进行分类,可以将其分为满足性交流与手段性交流。

#### 1.满足性交流

满足性交流主要是为了使受众在精神、情感、心理方面得到满足和愉悦,而没有什么直接的功利性目的。例如,和朋友谈论流行服装的款式、谈论天气或者约会、讲故事、说笑话,或者进行一些只是为了消磨时间的活动,这些只是为参与者提供精神娱乐的功能,而没有以特定目的为出发点。娱乐最重要的功能就是远离烦琐的俗务,调整个体的行为和心态,让人们在紧张的工作和学习之余放松精神、得到休息。典型的满足性交流的基本特点在于参与者重视的是交流过程本身以及在交流过程中所获得的情感满足。

#### 2.手段性交流

手段性交流也可以称为目的性交流,是指传播者出于一定的社会目的有意识地试图影响交流对象的一种交流方式。它不同于满足性交流,具有明显的目的性,如学习、告知、影响、说服、激励、帮助等。在实际交流过程中,由于对某一功能有所侧重,就形成了不同的传播类型。

(1)告知性交流

告知性交流是一种以告知为主要目的、使受者接收传者信息的交流方式。在告知性交流中,传播者的主要意向是发送自己所拥有的某种信息,而受者主要以接收信息为主。例如,主管对下属公布奖金分布方案、老师宣布得奖学生名单、同事传达下午聚餐的消息、交警说明处罚原因等都属于告知性交流。这种传播交流相对较为简单,传播者在交流中占主导地位,而接收者则相对处于被动状态。

值得注意的是，传播者在告知受者坏消息时，须注意传播的方式和策略，尽量避免和减少受者所受的刺激和伤害。譬如，在解雇员工时，我们可以选择环境较为安静、气氛较为和谐的场合进行。

（2）劝服性交流

劝服性交流已不局限于传播者向接收者传递信息，而是在传递过程中，传播者开始试图通过自己的言行去影响他人的态度和行为，以"说服"为重心，试图让受者在观念、思想、价值观和态度等方面朝着传播者所希望的方向发展。例如，我们可能希望对方为特定的竞选人投票、去尝试新的减肥方式、购买一件新衣服、观看某部电影、参加一个特别的课程、用某种方式进行思考，我们也可能希望对方相信某些事情是正确的，而某些是错误的，希望他认同我们的某个观点——这份清单是无止境的。事实上，人们把大部分时间都花在人际劝说上。

"控制的需要"是奥地利裔美国社会学家舒兹提出的人际关系中三大需求之一，如果可能的话，每个人都希望事情或他人按照自己所想象的方向发展。因此，在某种意义上，几乎所有的传播活动都具有劝说的性质。人际交往说到底就是一个和意志力搏斗的过程，只是程度有所区别：有的人意志坚定，控制欲强；有的人意志较为软弱，控制欲相对较弱。性格气质不同的两个人，最终或许会出现较强的一方说服较弱的另一方；或许彼此互不妥协；或者彼此和谐共处，尊重各自的观点和意见等各种情况。

（3）激励性交流

激励性交流中的激励，指的是通过对人的动机进行激发，并对其行为进行诱导，从而发挥出内在的潜力，最终向着目标不断前进的过程。激励性交流包含告知性交流与劝服性交流，并在此基础之上努力强化受众现有的各种思想、行为与态度等，并促使其产生具体的行为，使其能够朝着积极向上的方向发展，激励性交流的最终目的是能够使对方产生具体的实际行动。相较于激励性交流，告知性交流与劝服性交流并不会要求接受者一定要产生某些行动。对于任意个体来说，激励本身就有着十分重要的意义，而且它还是现阶段管理学中十分重要的研究课题。

世界上很多管理学家、管理心理学家、社会学家都非常关注激励的问题，并针对这些问题提出自己的见解。在激励理论中，存在一定程度影响的理论有：美国哈佛大学教授麦克利兰的"成就需要理论"、美国行为科学家赫兹伯格的"双因素理论"、美国马里兰大学管理学兼心理学教授洛克的"目标理论"等。

（4）学习性交流

学习性交流指的是在人际传播过程中，传播者与接受者通过相互学习，从而共同进步。通过与他人进行沟通交流并建立联系，不但能够让我们进一步了解到与自身不同的思维方式，也能够突破我们固有的思维方式，使自身更为通透。除此之外，我们还可以因此接触更多的信息，从而巩固与完善我们现有的知识体系，使得我们的人生阅历更加丰富。人世间的知识浩如烟海，但人的生命是有限的，我们需要通过学习与沟通，不断充实自己。

（5）帮助性交流

顾名思义，帮助性交流是指通过传播和沟通帮助他人。譬如，各种类型的医学治疗专家通过人际互动的方式为病人提供专业帮助；心理学家通过和咨询者进行沟通交流，给予相应的心理治疗。除了这些专业的帮助者，我们在日常生活中也常常充当助人者或求助者。例如，安慰刚刚失恋的朋友、给予同事一些专业上的建议、帮助高考学生选填志愿、指导实习生操作仪器或者征询他人意见、请求别人帮助等，这些都构成了帮助性交流。这种交流滋润了人类的心灵，让人们获得幸福感和满足感。

以上是五种主要的手段性交流，是由于传播过程中传播者对于传播目的的主观倾向性的不同而带来传播类型的不同。

（三）符号分类法

按人际传播过程中使用的符号手段，可以把人际传播分为语言符号传播和非语言符号传播。

1. 语言符号传播

作为人类交流与沟通的最基本形式，语言本身是人类社会约定俗成的较为高级且复杂的符号。值得注意的是，语言符号系统就是传播当中最为重要的载体，并且也是人类与动物进行区别的一个十分显著的标志。除此之外，它还是人类社会能够生存与发展的必要条件。

通过语言进行交流，能够直接作用于人际关系，并且使用语言表达感情不仅能够更好地帮助我们感知自我，还能够强化人际的相互影响。

语言本身的含义是千变万化的，我们需要正确认识到语言是如何根据不同的传播情境而产生不同的意义这一现象，这样才能够更为有效地运用语言。要想正确地理解与传播语言，就需要使用者尽可能多且完整地将信息传递给接收者，从而完美表达自身的思想、体验、情感与感受，也由此，使得接收者能够更好地理解自己所表达的意思。要想接收者能够正确理解语言使用者的参考系，就需要保证信息足够完整且充足。需要注意的是，所传递的信息应当是适度的，过多会超出接收者的接受限度，从而忽略很多细节，甚至会招致接收者的反感。

不管是什么样的传播互通过程，交往双方都需要在内心形成关于对方的内心印象。双方所要进行的所有相互间的传播，都是建立在最初所形成的内心印象的基础之上的。在语言运用方面，通过互相观察，对方对语言运用方式的选择将会直接影响到自己在对方的内心印象。一般而言，自身令对方所形成的关于自己的内心印象越是与自我印象一致，就越能够更好地进行人际传播。我们通过语言能够进行思想交流与感情表达，还能够通过语言推理论证实现感性经验与理性概念的相互转化，若想更好地提高人际传播的有效性，就需要恰当地运用语言。

2. 非语言符号传播

美国口语传播学者雷蒙德·罗斯认为，在人际传播过程中，语言符号所传播的信息仅占人们所获得的信息总量的35%，剩余的65%是通过非语言符号的传播获得的。在非语言符号所传播的信息中，仅面部表情就占55%。总的来说，在传播过程当中，语言符号与非语言符号都发挥着十分重要的作用。

借助非语言信息，人们可以判断、建立和发展各种关系。非语言传播能直接表现人的喜欢和不喜欢，表达他人在自己心目中的地位，显露出在多大程度上，双方愿意互相地融入。在显示自己的独特性时，在建构双方关系时，非语言符号还可以起到修辞、替换词语的作用，从而给人带来更大的可信性。当对方在说话时，如果一方一边点头附和，一边用鼓励的眼神凝视着对方，无疑可以给予对方极大的鼓励；自然，如果一方口头应和，眼神却游移不定，满脸心不在焉的样子，自然暗示了其对谈话内容的不耐烦。因此，在某种意义上，非语言传播还可以规范语言的走向，使之继续、转移或停止。此外，从表达情感的角度来看，有学者认为，非语言传播涉及三种主要的感情范畴，即接近欲或好感，统治欲或权力感以及变通或随适。

在日常生活中，非语言传播存在于任何地方，人与人只要发生接触，就不可避免地互相传递了某种信息。相较于一时性的语言传播，非语言传播则是连续不断的，能够为人们传递一些可见的、有意识的、自然流露的，又或是无意之间所发出的信息。总的来说，很多时候，非语言传播所传递的信息都是无意间进行传递的，并不会被人为控制，这就使其有着更高的可信度。经过研究发现，若是人们发现信息传播过程中语言传播与非语言传播的信息不相符，更多的时候会依据非语言传播的信息做出自己的判断。在日常的信息交流中，人们很少单独使用非语言形式。通常情况下，非语言传播是对某些词语的信息进行强调、重复与强化，又或者是以此来获得与词语信息相反的效果。

## 第二节　人际传播的功能与特点

### 一、人际传播的功能

若是基于个人的角度，可以发现，在人际传播中，每一个参与者目的各异地参与到各种各样的人际传播活动当中，他们对于参与主体有着多种多样的功能作用；若是基于社会的角度，作为社会传播的重要组成部分，人际传播能够有效帮助各位社会成员更好地进行信息交流，其本身发挥着实现社会协作的纽带作用，同时还能更好地帮助社会文化进行传承，人际传播的状态能够很好地体现社会的物质文明与精神文明。总而言之，人际传播的功能本身对个体与社会发挥着不同的作用。接下来，作者将从两个角度对人际传播的功能进行阐述。

#### （一）立足个人角度

1. 有助于自我认知的实现

每个人都要对自己有一个清晰的认知，一个正确的自我评价对其心理生活、行为表现以及自身的人际关系有着十分深远的影响。在 20 世纪初期，就有部分心理学家认为，在人们的心理活动当中，自尊与自卑的自我评价意识对自身的未来发展有着很大的影响。通常情况下，人们对自己的认知是有价值的、惹人喜爱的、工作能力突出的等有着优良品质的人。若是一个人看不到自己的优点，只会关注自己的不足，认为自己一无是处，就会逐渐丧失信心，严重的甚至会厌恶与否定自己，产生自卑感，从而逐渐丧失朝气，不再具有积极性。总而言之，对于个人来说，自我认知对其生存与发展发挥着十分重要的作用。

主观的我对客观的我所做出的一切评价与认知就是自我认知，具体而言就是对自己存在的察觉，也就是说，认识到自己的一切。自我认知的主要内容包括认识自己的生理状况、心理特征以及与他人的关系。自我认知包括对自己的认识、体验与控制，可以将其分为三个方面的内容，分别是物质的自我、社会的自我以及精神的自我。

要想通过自我认知来认识自我，可以通过以下几个方面：自己对于日常生活活动的反思、他人对自己的评价以及在社会当中的自我定位。若是想获得物质的自我，可以通过自我观察与自我总结来进行。通常情况下，社会自我与精神自我需要借助于他人的评价来实现。在个体实现社会化的过程当中，充斥着他人对自我的评价，也正是借助于人际传播，才使得他人能够认识自我、给予自我评价。通过他人对自我的各种评价，可以帮助主体逐渐建构完善的自我形象。

借助于人际传播，个体在获得他人对自我的评价时，在情感上也会产生相应的变化，伴随着评价的好坏，他们或是自豪，或是自卑。通过他人对自我的恰当评价，我们不但能够正确认识到自己的性格与气质特征，也能够正确认识到自己在社会中所扮演的角色。

在社会学当中，社会角色指的是一个人所具有的与社会地位、身份一致的一整套权利、义务规范与行为模式。通过人际传播，我们能够了解他人对我们的角色认知和角色期待，从而更多地了解自己的优势和劣势，进而适当加以调整，以适应周围环境。例如，老师可以通过学生的评价，了解到自己上课的优势是知识面广，但不够幽默风趣，从而在今后的教学中坚持自己的优势，更多地博览群书，同时有意识地关注自己的语言表达，增强幽默感，以完善课堂教学。

只要是生活在社会中的个体，没有人能完全不受他人想法言论或社会比较的干扰，这是人天性的一部分，要支配天性，就必须服从天性；反抗天性，只会让其加剧。个体也不能因此而一味地依赖他人评价，这样很难建立稳定的自尊感。他人的评价并不总是恒定不变，有时也许带有他自己的偏颇。庆幸的是，在通过人际传播获得评价，从而实现自我认知的心理活动过程中，自我并非纯粹被动的，它既是客体，又是主体。在被他人评价时是作为客体的，而在获得信息后，自我可以对信息进行加工，去粗取精，选取合理部分，正确认知自己。

2.有助于和谐关系的建立

在人类社会当中，没有一个人可以孤立存在，人类最渴望的就是与他人联系和作伴。每一个人都需要与他人相处，若是不再接触他人，我们就会处于幻觉当中。或许我们独处会远大于实际得到的，但是很多人并不接受孤独，否则令人身心愉悦的独处就会变得十分痛苦。总而言之，人际传播不但能够满足人们日常的社交需求，还能够帮助其建立起良好的人际关系。人际传播不但是各种关系的关键基础，还能够作为基本手段帮助我们管理关系。

通常情况下，我们通过感知他人、倾听并学习他人等方式与我们所感兴趣的人建立关系，这样不但希望能够增加与其的互动，还希望借助人际关系保持这段关系。对于那些我们认为不再有价值的关系，也会选择使用传播结束。很多时候，我们不但希望他人给予自己爱与喜欢，也希望将自己的爱与喜欢给予他人，所以说我们会和某些与我们进行互动的人建立并维系某种亲密关系，以此来减少自身的孤寂与沮丧，从而更加肯定自己。

任何人的人际关系在生活当中都会遇到挑战与冲突，一般而言，我们会使用人际传播来解决冲突，并对某种关系重新进行定义，或者是结束。一般而言，关系的延续与破灭，主要在于人际传播的有效性。

人际传播可以拉近我们与家庭的关系。我们与家庭成员是一生不离不弃的关系，和家庭成员的互动是我们一生的活动。但这也是矛盾丛生的领域：家庭功能不健全、夫妻冲突、亲子冲突等。"清官难断家务事"已经说明家庭关系的复杂性，社会急剧变迁带来家庭结构和观念的巨大变迁，中国人由此承受了更多的家庭关系压力。造成问题的原因固然很多，但沟通不畅、缺乏人际传播技能是一个重要原因。我们并非说掌握人际关系技能就可以解决一切问题，而是说在挑战和冲突来临时，有更多的选择性行为，就可以发展出更为积极地、主动地解决问题的方法，避免消极情绪和传播之间产生恶性循环的影响。

人际传播可以拉近我们与朋友的关系。对于年轻人来说，发展友谊是非常重要的活动，这对于他们幸福感的提升十分重要。相反，如果友谊关系的互动处理不好，则是一件非常令人沮丧的事情。在与朋友的互动中，我们要了解关系发展的过程以及关系增进的条件，还需要敏锐地聆听并及时表达同情、提供支持。学习人际传播技能不一定能够解开所有谜团，但可以使我们对沟通的小细节有更深入的洞见。

人际传播可以拉近我们与同事的关系。我们和家庭成员的关系是"打断骨头连着筋"，而与同事则是"抬头不见低头见"；我们一生大部分的时间是与同事共度的，疏离、冷漠的同事关系除了阻碍任务的完成，还将使人生失去一部分乐趣；我们可以选择朋友和爱人，但我们很少有选择和谁以及为谁工作的灵活性。理解人际关系及其传播技能，可以帮助我们尽量避免人际冲突和压力。

3.有助于环境的认知与控制

人类最重要的问题主要是缺少理想的沟通前景，任何人都不能够独立地存在于这个世界，在人生当中，必然要与周围的环境进行交互，才能够生存与发展，所以我们必须要学会对我们周围的环境进行认识与控制。通过广泛地接收信息，我们才能够更加清醒地认识到自己所处环境的状态，从而更好地适应环境，并找到相应的对策。在人际传播过程当中，我们要对周围环境的动态及时进行观测，并对可能发生的问题进行预测与应付。在遇到问题的时候，必须准确地找到问题的关键点，并以此选定合适的对策，从而对问题进行修正，使得事态的发展方向对自己更加有利。

人际沟通能够帮助政治家了解公众意见，能够帮助商家了解消费者的兴趣，能够有效改善自己现有的生活方式。伴随着信息时代的到来，世界也发生着翻天覆地的变化，人们要想知道自己应该从哪些地方获取资源以及应当向哪个方向前进，都需要与他人进行交流。就比如某位朋友通过社交软件推荐了一家餐厅，我们就可以与朋友约在此处吃饭。若是没有与他人进行足够的沟通，就不能够获得足够的信息。所以说，通过人际传播能够帮助更多的人扩大自身的信息拥有量，也因此能够更好地认识环境，并根据自己的认识，采用相应的对策应对不断变化的环境，从而更好地控制环境，丰富自己的人生。

4.有助于人生经验的交流

战国中期的思想家庄子曾这样感慨："吾生也有涯，而知也无涯。以有涯随无涯，殆已！"这番话听来有几分无奈，的确，人的一生看似漫长，在无穷的宇宙中却如白驹过隙，无从觅迹。"知"的海洋却浩瀚无边，无始无终。人类试图以有限的生命去追寻无限的知识，在某种意义上的确是徒劳的。值得庆幸的是，我们并不需要"事必躬亲"地去积累经验和知识。通过与他人的传播与沟通，我们可以不断获得许多有益的启示，从而尽可能地避免人生误区。

不论是少年时代父母的教导，还是学生时代教师的教育，又或者是职场时代前辈的点拨，都是我们人生当中十分宝贵的财富。总的来说，人际交往是双向的，彼此之间的交流与沟通，就能使传播者与接收者不断提升与完善自我。

5. 有助于情感需求的满足

我们可以将人的需要看作是一个丰富且多变的动态系统，在日常生活当中，人们会通过各种方式与手段，使自己获得满足，人际传播本质上就是为了能够更好地满足人的情感需求。就比如在一个人不开心的时候，就可以向好友倾诉，从而调整心态。这种倾诉形式的人际传播，能够帮助人实现情感的宣泄，从而获得情感上的满足。需要注意的是，在现实生活当中，这种情感满足的内涵有所差异。就比如老年人向后辈诉说往事是为了能够排遣寂寞，同时获得尊敬；孩子向父母倾诉是为了表达对父母的依赖；好友之间的交谈是为了实现情感上的交流，更好地增进感情。总而言之，人们总是通过人际传播来获得情感满足、调节情绪状态，从而形成积极向上的心理氛围，使得自己的人生呈现出积极的状态。

**（二）立足社会角度**

人际传播有着多种多样的形式，本身也承担着各种各样的社会功能。具体而言，社会功能就是指人们在沟通交流的过程当中形成一定的社会关系，并在此过程当中对对方施加影响，从而能够更好地促进健康的社会思想得以传播，并且还能够培养人们养成良好的社会行为规范以及习惯。一个健康且良好的人际传播在社会的发展当中发挥着十分重要的作用。

1. 有助于社会文化遗产的传递

一个社会的文化，不论是物质的生活方式还是精神的生活方式，只有一代一代地传递下去，人类文明的结晶才能被继承和发扬光大，社会才能前进。世界各国、各民族的文化发展离不开国际之间、民族之间的文化交流，历史证明，交往的扩大是社会文化发展必不可少的条件。一个民族如果长时间处于对外隔绝的状态是不可能进入世界前列、民族前列的。横向的交往如此，纵向的交往也是如此。人类文化要发展就需要世世代代不断积累、继承，实现协作，共同发展，传承社会文化。

2. 有助于国家建设事业发展

对一个国家来说，如果处于封闭的状态就不能良好地发展与创新，必须要坚持对外开放，加强与不同国家之间的文化交流，并且与世界上不同的国家建立广泛的联系，相互之间交流促进；在国内，为使整个社会都充满生机与活力，就要有目的性地加强各领域或团体之间的信息沟通与交流，从而有效增强团体研究与社会的安定团结，在消除社会上种种不良风气的同时，更好地建立与发展新型的人际关系，使得我国的发展逐渐加快，始终保持和谐、有序、稳定、健康的社会关系。

伴随着改革开放的深入，现阶段最为主要的内容就是进行政治改革。需要注意的是，若是想要开展政治改革，就需要增强公民对于各种社会问题的参与度和参与能力。随着人际传播的发展，在一定程度上，有效增强了公民对于各项社会公共议题的参与积极性与能力，并且还能够实现政治改革的双向推动。

## 二、人际传播的特点

### （一）人际传播发生于相互依赖的个人之间

相互联系的个体之间所进行的交流就是人际传播，一般情况下，进行交流的双方是通过某种形式相互联系的，就比如父子、师生、恋人等。尽管人际传播本质上是双向的，在很多时候并不局限于两个人，也会扩展到小型的亲密团体。还有一点需要注意，就算是在家庭当中，交流也是双向的。

能够进行互相交流的个体之间，不但有着简单的联系，也是相互依赖的。具体来说就是一个人的行为能够对另外一个人产生影响，而且一个人的行为也可能会导致另外一个人行为的产生。比如在一个家庭当中，如果某一个家庭人员犯了错，那么这个错误所产生的麻烦就会波及其余的家庭成员，甚至于这个人的朋友等。

### （二）人际传播紧密相连于人际关系

因为相互依赖性的存在，人际传播与人际关系在本质上有着一定的关联性。具体而言，人际关系能够引起人际传播，而人际传播又反过来作用于人际关系，也会对人际关系施加定义。对于那些发生于人际关系当中的人际传播来说，本质上是为了能够更好地实现人际关系。总而言之，在日常生活当中，我们所选择的人际传播的方式，在很大程度上是由我们与另外一个人之间的关系决定的。就比如在学生时代，我们与教师的沟通方式就与我们和至交好友之间的沟通方式有着非常明显的区别，并且我们与父母之间的沟通方式也和与邻居、同事等人之间的沟通有着很大的不同。

同时也要注意，我们与他人之间的沟通和互动方式也会影响自身和他人之间关系的发展。如果我们和一个人以友好的方式互动，很可能会和对方建立友谊；如果我们经常传播憎恨和伤害的信息，那么很可能会发展出对抗的关系；如果我们对每个人表现出尊重和支持，那么自身也有可能获得尊重和支持。这是人际传播最显而易见的作用。然而，仍然有一些人似乎不能明白他们所说的话和他们要建立（或破坏）的人际关系之间的联系。

### （三）人际传播具有强制性

我们无法不进行人际传播，它是人类传播中一种迥异的、具有最广泛日常性的形式。除非我们离群索居，否则每个人都会与他人互动。即便我们天天在家工作，盯着电脑目不转睛，也要在日常生活中与人进行互动或者在网上收发邮件。人际传播的机会无处不在、无时不有。通过无可逃避的与他人进行的人际传播，我们和他人彼此影响。中国"隐士"文化繁盛，文人墨客、风雅之士常常徘徊在"出世"和"入世"这两种看起来极为矛盾但又和谐统一的人生态度和行动中，但"隐"并非目的，不过是手段，入世经邦济世才是真正目的。

有些传播是有意的，例如，在和老师进行关于成绩的谈话时，我们可能字斟句酌；有些传播可能是无意识的，尽管我们无意让他人听，但他人仍然无意中听到了我们自言自语的内容；我们还会无意识地做出各种非语言行为。

因此，无论有目的还是无目的，我们始终都在进行传播，即便沉默，那也属于一种传播。我们每时每刻都在进行人际传播，这在很大程度上构成了我们的日常生活。

### （四）人际传播过程持续而不可逆

对于人际传播而言，我们很难标注何时是起点，何时是终点，因为我们很久以前与他人所谈论的东西可能影响当前的互动,并且在将来那些独特的相遇中所发生的一切中都会得到回应,就像上游的水质会影响中下游一样,在任何一个时刻都不可能冻结传播。

人们在冲突中总喜欢提及过去对方对自己的伤害,而对方为了辩驳也总是反过来揭短。如果每一次传播都成为将来彼此对抗的证据,那么传播和关系都会越来越坏,恶性循环就会形成;反之,如果我们意识到这一点,就可以努力创造良性循环。"忘掉过去,重新开始"是抱着重新修补关系愿望的人通常的说法。因为,只有在每一次互动中不再牵连到过去的伤害和问题,才可以使每一次传播不偏离主题,才有可能不产生新的伤害。我们知道,"覆水难收",要做到不提及过去,实际上是一件非常困难的事情。人际传播的不可逆性指的就是,说出来和做出来的事情很难收回去。尽管我们常常想辩解,我真的不是这个意思",但大多数时候,消极或积极结果已经产生,一旦传播开始,很难再回转到开端,而是继续被传播伙伴以及自己的其他事件、经验、思想和态度所影响。

### (五)人际传播具有系统性、复杂性

人际传播复杂的一个十分重要的原因是复杂的人性,在互动过程当中,由于双方个体的认知、情感、意志等方面都是多变的,所以在双方适应彼此的变化之后的传播也是多变的。毕竟,人不是机器,人际传播也不是机器之间的互动,一切并不会完全按照我们所期待的方式与方向发展。

传播之所以复杂,是因为每一个传播事件当中都涵盖多种因素,这些因素会相互作用、相互影响。在传播系统当中,每一个人都是其中的一部分,不管哪一个因素发生改变,都会对整个传播产生影响。由此可以得知,人际传播本身具有高度语境性,就算是已经成功的传播经验,只要改变其中任意的要素,都可能迎来失败。

在人际传播的过程当中,周围环境与时间都会对活动产生影响,人们在不同的环境中所进行的活动是不同的。

系统运行的历史也可能会对互动产生影响,就比如在一个家庭当中,不过本身各位家庭成员都有善于倾听,并能够对所遇到的问题提出可行性解决办法的历史,在父母对孩子表达想要谈谈某件事的时候,就不会引起孩子的防备;如果这个家庭本身存在着频繁发生冲突的历史,那么同样的话可能会引起孩子的防备,

甚至于产生争吵。所以说，需要对系统运行的历史进行一定程度上的了解与研究。

（六）人际传播具有高度合作性

合作意味着人际传播的意义是参与者们共同创造的。这种人际合作还表现在个人之间的相互影响。如同跳舞，一旦音乐响起，舞伴之间就被音乐的鼓点、理解音乐的能力、相应的舞步（个人技能）以及舞伴的对应能力影响。也就是说，在传播过程中，参与的双方都受到彼此影响，而不仅仅是其中一方。无论人际传播是语言的还是非语言的，无论是迅速的还是持久的，无论是寂静的还是喧哗的，会话双方都既是传播者又是倾听者，既发送信息又接收、理解信息；而且，双方彼此都在通过对方的行为和反应来调解自己的行为和反应，没有人总是沿着自己的方向前进。相互影响在不同互动中程度不一样，有的来自对方的影响戏剧性地改变了我们的人生，有的只是很小的改变。

长期的人际关系也并非一人永远在付出，而另一人始终在索取，不是操纵、控制和贬低对方，而是要彼此尊重、平等对话、彼此接受。传播学者巴隆德认为，当我们和他人传播时，至少有"6"个人参与（下面用第一人称代替我们自己）："我"认为"我"是谁，"我"认为对方是谁，"我"认为对方把"我"看作谁，对方认为他/她自己是谁，对方认为"我"是谁，对方认为"我"把他/她看作谁。如果互动的人超过两个，参与者将更多。合作的必然性以及复杂性就这样显示出来了。

即便是误解，也需要合作才能够完成。我们说了一段话，伤害了甲，却没有伤害乙，因为甲配合了我们完成意义的生成。要了解人际传播和关系必须重视双方，而不是一方，但很多人在多数情况下没有这样做。当我们的某种关系破灭时，我们总想找出谁该为此负责，我们或者责备他人，也可能自责。事实上，传播无论好坏绝非一个人行动的结果，双方除了都必须遵守同样的伦理原则，还都要力争成为有能力的传播者。否则，有能力者遇到能力弱的人反而会成为人际传播和关系的牺牲者。

（七）人际传播具有规则导向性

有的传播规则适用于具体个人，有的适用于关系双方，有的适用于某个群体（比如我们工作单位等），有的适用于一个社会中的大多数人。在既定人际关系的互动中，我们既要遵循适用于某个群体和社会的规则，又要遵循适用于个人和关系双方的规则。前者常常被称为法则，后者常常被人们看成狭义的规则。人际传播研究领域早期强调人际传播的法则，认为人际互动受制于法则；后来发展的意义协调理论强调沟通双方的主动性和自主性，双方在特定语境下可以协商出适合既定关系的独特规则并予以遵循。

规则是在有互动的人们之间发展出来的，也是在传播伙伴们所处以及所传播的文化中发展出来的。孩童在1～2岁时便开始理解和遵循规则，我们最初从家庭中学习规则，之后在不断的社会化过程中，都在有意或者无意地从经验、观察和与他人互动中习得引导我们如何传播以及理解他人传播的规则，很少有人会从书本中学习规则。例如，如果一个人在规则不可感知的环境里长大，就会对如何处理亲密关系不知所措，唐突冒犯行为就会经常发生。有时，我们没有意识到某些需要我们遵守的规则存在。例如，新员工在不了解公司文化前感到和老板、同事互动比较困难，意识到规则后就可以改善关系了。

## 第三节  人际传播的构成要素

想要更加全面、深入地理解人际传播，除了解上述内容外，我们还需了解人际传播的八个基本要素：第一，信息源—接收者；第二，编码—解码；第三，信息；第四，渠道；第五，噪声；第六，语境；第七，伦理；第八，能力。

### 一、信息源—接收者

人际传播过程当中的参与者最少为两个人，参与其中的每一个人都有着两种功能：其一是信息源的功能，其二是接收者的功能。这也就表明，在人际传播过程当中，个体承担着传播者与接收者的双重功能。具体来说，在人际传播活动当中，本身拥有并能够发送信息的人就是信息源，相应的，接收并能对这一信息做出反应的人就是接收者。需要注意的一点是，在日常的传播过程当中，每个人都有着双重功能，这就导致信息源与接收者经常会角色互换。

在生活当中，每一个存在的个体都是独一无二的，因为先天遗传、个体生理、后天习得以及所参与的社会实践等不同都会影响其个性的形成。隐藏在人内心深处的理想、信念、世界观、人生观、价值观等，人所表现出来的为人处事的各种习惯倾向以及自身说话的语速、声调等，都会对传播的内容与方式产生影响，同时也会影响到信息的接收与处理。比如，性格豁达、乐观开朗的人，更容易获得所接收信息中的积极因子，也更能主动或被动地传递正面信息；悲观抑郁的人更容易从所接收的信息中挖掘沮丧因子，不但无法全身心地享受当下，还会主动或被动地向周围人传递负面情绪与负面信息。

### 二、编码—解码

编码指的是产生信息的行为，就比如说和写等。相应的，解码就是指理解信息的行为，就比如听和读等。简而言之，我们可以将说话者与写作者看作编码者，将听众与读者看作解码者。编码—解码这一过程是两种行为的结合体，如果想要进行人际传播，就需要对所传播的信息进行编码与解码的处理。

伴随着时代的飞速发展，信息化产业与人们的日常生活开始深入结合，在我们对信息进行处理的过程当中，可以发现，编码的内涵有了更为广阔的发展前景，其中，语言、文字、图表等都是现阶段人们所创造的符号世界。在符号系统当中，人们使用各种符号进行思维与交流信息的过程，就是编码与解码的过程。从广义上看，信息的编码本身就是人们使用文字、图表、数据、图像等符号对所接触到的所有信息进行系统的、形象的、逻辑的表述。可以说，现实生活中各类宣传文稿的撰写以及使用计算机对信息进行处理的过程当中的代码转化的过程，都可以看作广义上的编码过程。

解码很多时候也被称为译码，简而言之，就是将传递的信号与符号重新翻译成它们所要表达的思想内容，从而使其能够彻底或大致还原本来的信息，大多数十分精确的译码存在于机器系统当中。值得注意的是，人际传播的中心是人，存在于个体的主观理解当中。在人际传播过程当中，每一个人都有自己所特有的"意义体系"，所以说解码的过程就是意义互现的过程。在这一过程当中，双方所使用的传递符号的形式、部分意义以及语言本身所具有的抽象性与概括性，再加上个体所具有的经验范围以及在传播活动当中所具体指代的情景等主、客观条件，使得人们在对编码意义进行认识与理解的过程中表现出了多样性与复杂性。

## 三、信息

信息是人际传播中信息发送者与接收者之间传播的具体内容，可以是听觉、视觉、触觉、嗅觉、味觉或是这些感觉的结合体。在传播过程中，人们走路、握手、摸耳朵、打哈欠、哭等动作都是在传播信息。同样，衣服的款式、皮包的颜色、电脑的墙纸乃至字迹、遣词造句的方式等也都传播着一定的信息。当然，人们不仅传递信息，同时也反馈信息。人们往往通过微笑、点头、皱眉、抚摸、拍打等方式传递自己对信息的认可或否定。

信息有很多种分类方法。具体来说，大致可分为数据性信息和情感性信息。所谓数据性信息是指人们传播和沟通中的有关事实、事件、过程、资料等客观性的信息，它往往存在于现实世界，也可称为内容信息；所谓情感性信息是指人际沟通与传播过程有关个体意愿、态度、感受等主观性信息，它往往侧重于人们交流时彼此间的关系，也可称为关系信息。

一般而言，人们会根据彼此间的关系传递相应的内容信息。例如，主管可能对下属说："你立刻到办公室来见我。"这一信息反映了他们地位间的差别，揭示了上下级的关系。朋友之间的对话则可能是这样的："下班后没安排的话，咱们一起逛街吃饭吧！"这一信息在内容上与上一个例子是相似的，但映射出两者平等而亲密的关系。

人际传播中所产生的问题，往往在于关系方面，而不在于内容方面，也就是对于大多数人来说，他们不能正确地区分内容信息和关系信息。

在人际传播中，内容信息相对较容易处理。因为一般来说，传播的讯息内容对参与双方来说都是外在的，存在于客观世界中，往往是可见、可辨的。譬如如下对话："有人敲门吗？""没有啊。""可是我好像听到敲门声了。"对于这样的分歧，只需打开门看是否有人即可解决。人们常常以为自己在为传播的内容而争论，事实上，他们争论的实质是关系问题。尤其是在亲密关系中，让人们不满的并非谈话的内容，而是感觉受到忽视与不尊重。

## 四、渠道

信息渠道指的是在人际沟通过程中，信息的发送者与接收者之间的媒介。在信息进行传递的过程中，为了方便，经常会将其转化为各种符号形态，之后再通过听觉、视觉、嗅觉、触觉等渠道传递给接收者。值得注意的是，信息传递过程中的中介环节也包括广播、电视、传真、报纸等传播媒体。除此之外，在人际传播过程当中，人际关系也可以作为信息渠道存在。

一般而言，传播的过程会使用多个渠道进行，所使用的每一种信息渠道，都有着自己的优势与劣势，也正因此，使用多渠道并行的方式能够实现优势互补。就比如教师在进行教学的过程中，最为主要的传播渠道就是自己清晰且流利的口头表达，之后再通过多媒体、板书以及教学中的各种手势表情协助，就能够展现出完美的教学内容。

渠道并非供个体交流的无障碍通道。在实际生活中，人们会通过渠道传递一些信息，但是也会阻止一些信息。例如，在教育的过程中，教育者倾向于让年幼的学生接收正面信息，而有意识地保留一些负面信息，以免伤害孩子幼小而懵懂的心灵；谈恋爱初期，恋爱的双方也会有意无意地遮掩自己的缺陷及毛病，尽力塑造出一个近乎完美的自我形象，以博取对方的好感。

此外，当一个或者更多的渠道被破坏后，人际传播就会出现障碍。例如，当某人有视觉困难时，视觉渠道便被削弱了，那么他与人沟通时就必须进行适当的调整。

## 五、噪声

严格来说，噪声属于干扰元素，不但能够扭曲信息，还能够阻碍接收者接收信息。最为严峻的情况是信息源所发出的信息会被噪声完全干扰，从而使接收者无法接收。就比如说在接电话的时候，我们所听到的嗡嗡的噪声，就会对我们通过听筒接收完整的信息产生干扰。还有一种极端的情况是完全不会受到噪声的干扰，从而使得发送的信息与接收的信息分毫不差。需要注意的一点是，很多时候，信息从发送到接收的过程都会充斥着噪声，这些噪声会在一定程度上对所传递的信息进行曲解。

以下四种噪声存在关联性，能对其进行准确识别，并在合适的时候消除其影响是很重要的：

### （一）物理噪声

传播者与接受者所受到的物质干扰，就是物理噪声，但是需要注意的是，干扰元素并不只是声音。就比如双方在谈话的时候，孩童的尖叫声、阴暗的光线、汽车的鸣笛声、无法辨识的文字等，都会对信息的传递与接收造成阻碍。

### （二）生理噪声

因为自身所存在的生理缺陷而对信息的传播者与接收者的信息传递造成阻碍的因素被称为生理噪声，比如近视、失明、口吃等。

### （三）心理噪声

心理噪声是指信息传递和接收主体精神上的干扰因素，包括想法、对他人的成见、情绪化等。心理噪声往往被人们所忽略，由于它不易察觉，难以类比，有时又转瞬即逝，尚未被意识到就已消失不见。

### （四）语义噪声

语义噪声是指说话者和倾听者因不同的意义空间而发生的干扰元素。表达不当、语言不通、逻辑混乱、理解歧义、自相矛盾、模糊不清等都属于语义噪声。例如，物理学家运用专业术语解释相对论时，造成理解上的障碍，可视为噪声。

有一个十分有用的概念，可以帮助我们理解传播过程中的噪声及其重要性，那就是所谓的"信噪比"。在这个概念中，"信号"指我们发现的有用信息，"噪声"指对我们无用的信息。例如，包含了大量有用信息的邮件或者新闻，就属于高信号低噪声，而包含了很多无用信息的消息，则是低信号高噪声。

所有的传播活动中都有噪声。噪声是不能被完全消除的，但我们可以降低它的影响。让自己的语言更精确，提高自己传递和接收非语言信息的能力，提高自己倾听和反馈的技能等，这些都是战胜噪声影响的方法。

## 六、语境

传播活动必然发生在一定的语境当中，不可能不切实际地发生在真空当中，所以说，在这一过程当中对信息的内容与形式产生影响的就是语境。通常情况下，我们会根据自己所处的不同情境来选择不同的话题与形式进行交流与沟通。有些时候，语境会被人忽略，就比如安静的环境或者平和的天气等；有些时候，语境也能够对传播者传播与接收的方式进行主导与抑制，就比如在婚礼现场、竞技比赛的现场、酒吧等环境的沟通就会因为语境不同而有所差异。

### （一）物理语境

物理与静止的是那些有形且具体的环境，一般而言，发生在过道、马路或公园等地方的谈话，都会使信息传播的内容与形式在一定程度上受到影响，就比如某些男士可能会选择带女友到某个对他们有着特殊意义的地方求婚。

### （二）时间语境

时间语境指的是传播所发生的时间，其中所包含的不管是一天中的某一个时刻，还是一周中的某一天等，都对传播形成十分重要的影响。对于一些习惯早起早睡的人来说，在上午的时候会精力充沛且心情愉悦，相较于晚上更适合进行传播沟通。有些人习惯晚睡，这些人晚上的思维活跃度更甚于上午，所以也就比较适合在晚上进行传播沟通。值得注意的是，有些渠道是允许信息进行同步传播的。在这种情况下，信息的传递与接收是能够同步进行的，但是还有一些渠道只能进行异步传播，就比如写信或者发送电子邮件等，这种信息的传递与发送是不能够同时进行的。

### （三）文化语境

文化包括人们的文化信仰和风俗习惯。人们往往难以察觉这种情境的影响，除非他们对别种文化有过亲身体验。传统、戒律、习惯和风俗对于所有文化中的人们的特质和性格都有强大的影响。在异种文化语境中，我们也许意识不到自己貌似普通的行为举止中，正传播着反映我们文化背景的东西。

### （四）心理情境

心理情境是由存在于传播双方头脑中的诸多因素构成的。根据传播双方的情绪或态度，这种情境可能是严肃或幽默、正式或非正式、友好或敌对的氛围。同时，心理情境也与参与者的地位关系、扮演的角色、友情、仪式或场合的庄重诙谐有一定的关系。例如，同事间正谈笑风生，相互开着轻松的玩笑，一向严肃、不苟言笑的领导突然出现，谈话有可能戛然而止。

## 七、伦理

人际传播广泛存在于社会当中，无论是父母与子女之间，还是夫妻之间，又或者是同事之间，都有着自己的要求，就比如家庭道德、职业道德等。所以说，在选择人际传播内容与方式时是依据有效率、满意度以及伦理进行的。就比如对于那些职业为秘书的人来说，他们所要坚持的职业道德是保密与忠诚，在不违反法律的前提之下，按照规定开展工作。在人际传播当中，想要构建和谐的人际关系，就需要坚持真诚、信任、尊重等准则。

## 八、能力

能力就是个体为能够进行有效的沟通与传播所具备的人际传播能力。其中，沟通能力的内容丰富，就比如能够清楚地知道当前情境如何、进行沟通的双方可以谈论的话题以及不适合谈论的话题、适合与对方进行沟通的方式等。除此之外，沟通与传播能力还包含能够灵活运用非语言符号系统，比如在沟通过程中双方的目光交流次数、合适的音量与音调、适宜的姿势等。

在人际传播过程当中，拥有良好的人际沟通能力，对于个人而言有着十分重要的意义。美国人际关系学大师戴尔·卡耐基认为，一个人要想获得成功，专业知识所起到的作用只占15%，剩余的85%则是人际关系的作用。荷兰裔美国军事家西奥多·罗斯福也认为，搞好人际关系是一个人获得成功的首要因素。毕竟人的一生都需要与他人进行交互，其中，个人所获得的幸福感在一定程度上取决于个人与他人的相处程度，我们自身所具备的人际传播能力的强弱，会直接影响到我们人生当中所拥有的亲情、友情、家庭关系、工作关系等。

# 第二章 人际传播学基础研究

传播学是第二次世界大战之后，随着当代电子传播媒介的飞速发展和行为科学的建立而产生和发展起来的一门新兴科学，而人际传播学则是这门学科一个重要的分支和崭新的研究方向，是一门边缘性、综合应用性较强的社会科学。本章为人际传播学基础研究，包括三部分内容，分别为人际传播学基本问题、人际传播学基本理论和人际传播学基本模式。

## 第一节 人际传播学基本问题

### 一、人际传播学的学科性质

#### （一）人际传播学的边缘多学科性

社会心理学、心理学、传播学、行为科学、人际关系学、社会学等学科都与人际传播学有着十分重要的关系，并且人际传播学也不断地从众多学科中吸收营养，壮大自己。

1. 人际传播学与社会学

法国的实证主义学者孔德就曾在150年前提出了"社会学"的概念，并随之为这一学科的建立提出了大体设想。顾名思义，社会学就是指与社会相关的学问，社会学所研究的主要内容有社会结构、社会关系、社会群体、社会交往、社会问题、社会舆论、社会现代化等。在对社会交往进行研究的时候，社会学是多层次与多侧面的，研究更具宏观性。与之相比，人际传播学更为重视在人际传播过程当中的主体、客体、传播情境等所有能够与人类产生关联的部分，但是需要注意的是，在这之中，所有部分都囊括在"社会"这个十分庞大的历史环境中，社会学所研究的社会互动、社会交往等都为之后人际传播的发展提供了理论并奠定了基础。一般而言，我们认为，人际传播活动本身就具备十分强烈的社会性，在进行交往与发展的过程中需要借助一定的社会关系，这就说明，要想进行人际传播学的研究，就不能够完全脱离对社会学的研究。

2. 人际传播学与伦理学

对于人类来说，伦理学是其对自己的日常生活所进行道德思考的结晶，是组成哲学的一部分，其主要内容是对人类社会关系中的道德伦理问题进行研究，具体而言，就是对社会当中人与人之间的关系应当遵守的道德准则进行处理。人际传播学作为一门学问，其本身是为了对人与人之间的交往与沟通进行研究，但是需要注意的一点是，人际传播行为本身需要被道德准则进行一定程度上的约束。在对人际传播学的研究中，伦理学提供了一定的社会准则、政治准则和道德准则。

3. 人际传播学与传播学

作为一门处于专门学科汇合交叉地带的新兴学科，传播学本身所使用的基础理论有很大一部分来自于心理学、社会学、政治学、人类学等学科。传播学集百家之长，深刻反映了各种知识进行交叉、融汇与整合之后的轨迹，其自身不仅有后来者居上的超越意识，还具备学科所特有的新颖的理论体系和框架，简而言之，这一学科未来的发展前景十分广阔。

在20世纪40年代，人们正式开始了对传播的研究，在经过几十年的研究之后，已经形成了一系列十分庞大的传播门类。在研究内容上，传播学大致可以分为五个领域：控制研究（传者）、内容分析（信息）、媒介分析（媒介）、受众分析和效果分析。在研究领域，传播学主要进行的研究为：人际传播、组织传播、大众传播、政治传播等。值得注意的是，现阶段大多数人所认为的最为完整且重要的传播门类分别是人际传播、组织传播与大众传播。

下面，我们将对人际传播、组织传播与大众传播之间的关系进行阐述。

首先，人际传播与组织传播的关系。具体而言，人际传播指的是个人之间所进行的传播，组织传播指的是在组织当中的个人传播以及组织之间的个人传播，我们可以认为，组织传播是个人传播的一种特殊形式。组织传播完全可以将人际传播作为基础，并且在人际传播中的所有基础理论对组织传播完全适用。

其次，人际传播与大众传播的关系。大众传播说得通俗一些是指借助于大众媒介的人际传播。换言之，大众传播也是发生于人与人之间，只不过是借助了大众媒介而已。随着科技的发展和社会的不断进步，人与人之间的传播不能够只依靠单纯的人际手段，而需有现代大众媒介的介入来拓宽人际传播的范围，因而出现了大众传播。也就是说，大众传播是在人际传播的基础上发展起来的。大众传播学还是以人际传播基础理论为基础，但由于大众传播媒介非常复杂，因而其独特性很强，从而构成了专门的学科。随着网络的发展，人际传播进一步渗透到大众传播中，大众传媒出现了向人际传播回归的趋势，微博、Facebook等社交网站，让信息更多地以个人为节点传播，信息的扩散不单单是从一个中心到多个点，而是在更广阔、更复杂的人际网络中传播，人际传播在信息传播中扮演着越来越重要的角色。

人际传播是整个传播学科的基石，任何一种传播方式都离不开对人的深入研究。人际传播学是传播学一个重要的分支，是一种基本的传播方式，为其他传播方式的研究奠定了基础。传播学的研究为人际传播提供了一定的方法和视角。同时，人际传播学的发展也会对传播学的深入研究有所促进。

4. 人际传播学与社会心理学

作为社会学与心理学的交叉学科，社会心理学的主要研究内容为个人、组织与社会所产生的相互作用当中的心理活动规律，其中包含个体心理学、群体心理学以及个体与群体所产生的相互作用、相互影响的心理学问题。值得注意的是，在社会心理学所研究的各项基本问题当中，存在很多的社会心理现象，这些社会心理现象本身也是人际传播的必备要素，就比如在人际交往过程中，人们所产生的模仿、暗示、沟通、理解、冲突等。

社会心理学所研究的重点是个人与个人之间所产生的交往与互动，这些问题相关的研究成果共同构成了传播学当中人际传播的基本内容。比如社会心理学当中的"相互作用分析理论"，很多时候，这个理论被认为是人际传播行为的典型形式分析。在这一理论中，将与他人进行交往时个人的自我状态分为三种，分别是："父母"自我状态、"成年"自我状态与"儿童"自我状态。这也就表明，在交往过程中，若交往的双方处于不同的自我状态，所产生的沟通类型也会不同。又或者是在社会心理学互动研究当中，通过"相倚"现象深入研究人际传播的各种表现形式。除此之外，在互动研究中所提出的"日常生活方法论"，强调人际的沟通必须要将坚守一些共同的规则作为前提,如果不遵守日常互动中所规定的一些基本规则,人际的沟通就不可能正常进行。与人际互动相关的所有研究,不仅仅对人际传播学的具体形式进行了广泛且深入的分析,还对人际传播学的基本规律进行了深刻的揭示。

社会对人际传播活动会产生一定程度上的制约,同时,人与人之间所进行的相互作用也会影响到人际传播活动,而其所施加的影响是借助于人的心理进行展示的,若是进行人际传播学的研究,就必然离不开对社会心理学的研究。

5. 人际传播学与人际关系学

对于人际关系的系统研究最早发展也是在20世纪20年代的时候,那时,许多国家开始研究人际关系学,并将其应用在各个方面。人类必须通过交往,与其他人建立各种各样的关系才能生存和发展下去,人们的交往一方面受到这些关系的制约,另一方面又影响着关系中的其他个体,使得关系不断地变化与发展。人际传播学的研究就无法脱离开人际关系的影响,人际传播要想形成、建立、发展就需要以人际交往作为基础和途径。人际关系在一定程度上依赖人际传播,而人际传播则需要在人际关系中展开,因此对于人际传播学的研究离不开人际关系学的研究。

此外,还有许多学科都与人际传播学有着密切关系,此处不再一一阐述。

(二)人际传播学的综合应用性

作为真正意义上的多媒体传播,人际传播本质上是个人与个人所进行的精神内容交换的活动,并且双方所使用的交换的媒体会在很大程度上对精神内容交换的质量产生影响。人际传播的传递,接收信息的渠道很多且方法十分灵活,并且这一特性也在相关学科的知识、技能与技巧的整合上进行了有效体现,而且在与实际进行结合之后,可以依据具体情况广泛应用于现实生活当中。

## 二、人际传播学的研究对象

人际传播学的研究对象是人与人之间的交往,研究中广泛吸收了各门学科的最新成果,并对人们怎样利用相互之间的交往从而建立并维护一定的人际关系进行了系统的探讨,并且还对人类社会交往在人际关系当中的作用进行了重点研究。

具体来说，人际传播学本身是对人际传播活动及其规律进行研究的科学。对于这门学科的研究，我们需要先对其研究对象进行深入的了解。一般情况下，从宏观上看，可以将人际传播的研究对象分为以下三个部分：

### （一）信息交流机制

作为人际传播中的重要内容，信息交流本身也是传播领域当中的五个主要领域之一。信息交流机制的揭示，对于人际传播的发展以及了解其中所蕴含的规律是非常有意义的。传播学早期的很多理论研究都是以信息交流机制的研究作为开端的。

### （二）人与人之间的交往

人际传播的过程并不是简单的两个传播系统之间所进行的信息的发送与接收。在传播当中，双方都是积极的人，所进行的交流都伴随着主客体各自复杂的感受与心理活动。信息的发送者都是基于一定的目的与动机进行的信息发送，这也就导致其所发送的信息内容以及所选用的发送方式都有着属于自己的个性特点。为了能够让对方产生有效的影响，就需要对其进行一定的分析，并且对于之后会得到什么样的反馈要有所预料。在某种情况下，信息的发送者可以作为主体而存在。并且，信息的接收者自身也是积极的主体，并不是单纯而机械地接收信息，它会经过研究分析，确定自己应当进行怎样的反馈。不但确定怎样改变交往双方行为的符号交流，也需要确定如何组织彼此之间的协同活动。

人际传播就是交往双方作为自己的主客体发生着相互之间的影响与作用，实现着双方在知识与经验、思想与见解、理想与信念、感情与意志等方面的相互交流，从而实现彼此之间的有效沟通。

### （三）人际传播的社会性

人际传播本身并不是主客体之间封闭式地进行信息传递，而是需要借助社会这一大环境完成。人际传播最开始只是为了能够更好地进行人与人之间的群体协作而产生的。

人类的祖先生活在一个自然群体当中，为了能够获取食物并抵御野兽的侵袭，这一群体中的所有成员在行动上会逐渐开始配合，并越来越完善，最终使得人类能够制造并使用工具,之后还实现了物质资料的生产劳动。在开展生产劳动的过程中,人们会和客观事物之间发生更为复杂的联系,在这些联系当中,尤其是动物界中并不存在的,也不可能会存在的人际交往。人际交往的产生,使得人类祖先的自然群体发生了根本性的改变,并最终建立了以劳动为基础的人类社会。在集体劳动的过程中,需要进行分工协作,个体与个体之间也需要相互配合协调,并且个人的活动需要服从于集体关系,个人活动的目的也需要服从于集体活动的目的,因此,个体需要正确地认识到自身与他人、集体之间的关系,从而对自己所进行的各种行动以及因此产生的结果进行反省、思考,由此更加有利于开展群体的协作,人际传播过程当中的社会性也由此进行了充分表现。

人们通过使用在劳动过程当中所发展起来的语言系统进行意见交流,这反映出了人际传播的社会性。在进行劳动的分工协作当中,参与人员需要对自己与他人的行动进行及时且有效的调整,在双方进行了足够丰富的信息交流之后,才能够更好地进行协作,确保群体行动的一致性。要想实现这一点,就需要语言这种内容丰富且不受时间限制的载体,其是一种能够对行动进行调节的特殊信号。需要注意的是,在人际传播的过程当中,人与人之间的交流并不只是依靠这些工具,还可以使用各种面部动作进行辅助交往。伴随着时代的发展,人类的社会生活以及文化生活都得到了一定程度上的丰富,很多表情动作原本只有适应意义,现阶段却获得了新的社会功能,甚至成为社会上能够通行的交际工具,人们使用它来进行思想感情的表达。人类的非语言符号开始成为独特的"情绪语言"存在,它也是辅助语言交往的重要工具,能够使人的语言表达更为生动形象。

现阶段,在学术研究领域,对于人际传播社会功能的研究主要集中在两个方面,分别是社会化过程当中个人的作用以及对大众传播效果的影响。

人的社会化指的是一个人在出生之后,从"自然人"成长为"社会人"的过程。若是从个人的角度出发,对社会化进行定义,主要是指个人通过学习语言、知识、技能等,从而适应社会环境的过程;若是从社会的角度出发,可以认为社会化指的是社会中各成员形成大体一致的观念、价值以及社会规范体系,从而使得社会能够保证秩序,存在且连续发展等。对于个人观念的社会化,一般情况下包括两个方面:其一是自我观念的形成,其二是社会观念的形成。需要注意的是,不管是哪一个方面,在初级群体中,人际传播都发挥着重要的作用,对于人的人格形

成也起到了十分重要的作用

在人际传播的社会功能当中，有一个十分重要的领域是研究人际传播，对于大众传播过程与效果的影响，在这项研究中有众多重要的研究成果，它们分别为："意见领袖"与"两级传播"理论、"创新—扩散"理论等。

因为人际传播学科具有交叉性和边缘性的特点，所以研究对象也会因为与不同学科的结合衍生出不同的研究领域。随着市场营销、网络、信息安全等学科与实践的发展，在与人际传播的结合过程中也产生了整合营销传播、网络人际传播等研究内容。

随着信息科学、信息安全等学科的发展，人际传播也有了更多科学技术的成分，有了更加广阔的视野，结合信息传播的流程，人际传播在现阶段有了新的研究内容。

分析研究对象的目的是找出对人际关系发展有影响的因素，确定人际关系的研究重点，找到会伴随着关系的发展而促进人际吸引与信息改变的各种会变换的因素，还需要找到对关系变化有着阻碍或者加速的传播过程，从而更好地保证人际传播学科的良性发展。

## 三、人际传播学的产生及发展历程

### （一）人际传播学的产生

西方关于人际传播学的理论研究始于古希腊和古罗马时代的修辞学，也就是演说的艺术。柏拉图与亚里士多德于公元前5世纪创立了传播理论，该理论包括柏拉图"论辩术"，主要有《高尔吉亚篇》《斐德若篇》，此外，该理论还包括亚里士多德的《修辞学》。

古典时代于公元300—400年结束，在此之后人们开始专门研究传播。早期关于传播理论的研究主要集中在两个领域，即劝服性的论辩与公共传播。这一点在雅典法律系统中有所体现，当一个人受到起诉或法律的审判时，他们不能聘请律师为自己辩护，只能自我辩护。此外，每一个公民都要轮流参加法庭陪审团，为此，公民必须要在平时锻炼自己的公共演讲能力和演讲技巧。另外，在进行公共民主投票决定公共政策时，公民也需要清晰地将自己的意思表达出来，以此来方便公民在大会上进行讨论和投票。总而言之，古希腊早期的传播理论较为重视影响他人的技巧，是一种建立在劝服技巧基础上的修辞学。在亚里士多德看来，修辞学具有可以为任何问题找出可能的说服方式的功能。当前世界上最早且最具影响力的修辞学模式诞生于公元前3世纪至公元1世纪。从具体上来讲，这个修辞模式主要将传播过程分为五个部分：一是发现，也就是讲演者选择信息内容的过程；二是风格，此过程主要是将信息内容转换为适当的词语；三是调整，这个过程是适当调整组织信息；四是记忆，也被称之为存储内容；五是讲演，这个过程是信息制作和传播。随着修辞学的不断发展，人们对该模式做了进一步的完善。如利用"发现"来探索知识的本质，借助"风格"来探寻语言的性质，此外还通过"调整"来深入分析信息的排列及相互关联的过程，借助"记忆"来接触信息的存储和可恢复性，同时了解在信息转换过程中存在的问题。总而言之，通常情况下，我们将这一时期的传播研究及成果称为"古典传播理论"。

传播理论在中世纪和文艺复兴时期遇到发展瓶颈，未能取得实质性的进展，同时古典的研究范式也成了断简残篇。直至17世纪时，传播的研究才重新回到修辞学。在20世纪前，现代修辞学始终是传播研究的主体。美国修辞理论学者道格拉斯·埃宁格对现代修辞学统治下的传播研究进行了梳理，发现此阶段的传播研究主要有以下几个方面的倾向：第一，"古典的"倾向。在现代修辞学的统治下，学者重新运用古典方法进行研究，并对古典的范式进行了全面的阐释。第二，"认识论的—心理学的"倾向。有这种倾向的研究者，在进行传播研究时，将侧重点放在了传播行为的心理过程上，另外，他们还从认知论角度出发分析了解传播的方式与方法以及如何进行传播等方面的问题。第三，"演说家"纯文学的倾向。有这种倾向的研究者将其研究重点放在分析一个演说家利用语言传播、副语言行为美化自己的规则。第四，现代修辞学对传播研究历史的影响，其影响持续至20世纪，同时也形成了人文主义的修辞学传统。

纵观传播学研究发展史，修辞学在传播研究历史中的统治时间较长，直至19世纪后，科学方法才对传播研究有了一定的影响，进而使传播研究发生本质性转变，逐渐步入社会科学研究的领域。自进入20世纪之后，采用科学的方法成为社会科学研究的趋势，如实验心理学家霍夫兰等人在研究中运用控制实验来寻求变量之间的精确的功能方法，进而获得传播效应的有关理论。自此，以社会科学所塑造的传播理论在传播学研究中占据中心地位，然而在20世纪60年代以后，关于传播学的研究又发生了变化，尤其是欧洲批判学派的崛起赋予了传播学研究人文色彩的时机。也正是在这两种传统精神的作用下，人际传播学的研究逐渐形成了自己的历史。从时间上来看，人际传播学研究要晚于大众传播研究，但是它是建立在人文与社科的基础上开展的研究。

### （二）人际传播学的发展历程

20世纪初，欧洲的思想家马丁·布伯在自己的经典著作《我与你》中详细描述了人际传播属性。他认为，人际传播是人在两种情形中与世界发生联系，即"我与它"和"我与你"，阐明了在人际传播中人是一个独特的存在，一个充满个性的人，一个能进行情思交流的人，一个可以自由选择的交往者。在这种意义上，人际传播得以建立。从某种程度上说，这为人际传播的发展奠定了基础。

在20世纪60年代末70年代初，人际传播学成为重要的西方传播学研究理论体系之一，同时在20世纪80年代至20世纪90年代逐渐发展成熟。在这一时期，西方学者出版了诸多专著，如詹姆斯·麦克罗斯基、卡尔·拉森和麦克·纳普的《人际传播引论》，这是人际传播学发展成熟的标志。此外，詹姆斯·麦克罗斯基和约翰·斯图尔特等人也对人际传播学理论进行了深入的分析。人际传播学的研究过程与大众传播的研究过程有所不同，它受到其他学科领域的影响，如哲学、语言学、解释学、文化人类学以及心理学等。学者从不同角度对人际传播学展开研究，并从根本上分析传播学概念，从而使人们更加全面地认识传播学。但是从整体上来看，人际传播学研究要远远落后于其他领域的传播研究，有待进一步强化。

## 四、我国的人际传播学研究

与西方相比，我国关于传播研究的起步较晚，同时提出传播学本土化研究也就更晚。1966年，台湾传播学学者徐佳士出版了《大众传播理论》。1978年，香港余也鲁教授翻译了宣伟伯的《传播学概论：传媒、信息与人》，此外，他于1980年出版了《门内门外：与现代青年谈现代传播》。在1978年之前，中国大陆学者主要是翻译西方传播学文章，直至1978年才出现传播学研究方面的文章。

郑北渭于1978年7月发表了《公共传播学的研究》《美国资产阶级新闻学：公众传播学》，他的这两篇文章引起了新闻学界的高度关注。此外，1983年，关于全国第一次传播学研讨会的论文集《传播学（简介）》面世。1988年，戴元光、邵培仁等人出版了《传播学原理与应用》，这是中国大陆第一部关于传播学的著作，但是该著作并不是传播学的本土化研究。

1982年"传播学之父"威尔伯·施拉姆到中国讲学两年之后，传播学课程开始走上中国大学讲台。其当时是作为选修课存在的，主要讲授西方传播学理论，核心内容是美国的传播学理论。

到1986年，部分大学开始把传播学作为必修课。当时没有教材，只有部分发表在新闻学术刊物上的资料可用。

1988年开始，全国有10多所新闻院系开设传播学课程，部分学校还将传播学课程列为专业必修课，复旦大学在国内首先开设传播学课程。1988年底，兰州大学出版社出版了《传播学原理与应用》（戴元光、邵培仁、龚炜著），该书成为中国人编的第一部传播学教材。教材在介绍西方传播学的同时，已开始注意传播学的本土化问题。

20世纪90年代以来，传播学已成为新闻学、传播学、社会学等专业的基础课程。同时，许多学校开设了不少同传播学相关的课程，如西方传播学思潮、传播学的研究方法等，但是对于人际传播学的研究要远远晚于传播学的研究。

1991年，学者熊源伟、余明阳在中山大学出版社出版了《人际传播学》，这本书在一定意义上可称为国内第一部研究人际传播学的著作。

2003年，人民出版社出版了《人与人的相遇——人际传播论》。另外，还有一些论及人际传播主要理论观点的文章，如人际传播中的对话理论等。这些研究成果初步奠定了我国人际传播研究的基础。

2004年，国内传播学界开始关注人际传播学研究，如部分学者开始关注欧文·戈夫曼的文章，并尝试对其思想进行阐释，他是符号互动论的代表人物。与此同时，国内学者也对人际传播的内涵与特点给予了独到的见解。

从具体上来讲，近年来我国学者关于人际传播研究主要体现在以下几个方面：

首先，梳理人际传播历史及基础理论。部分学者对国内外人际传播的发展历史进行了梳理，同时对符号互动论、约哈里窗户等经典理论进行研究；还有部分学者想要从中国传统文化的角度来寻找中国人际传播思想的根源，如胡春阳编写的《人际传播：学科与概念》，学者从儒家文化的角度来分析"为什么中国未能首先形成人际传播学科"的问题，同时将人际传播的定义细分为"质"和"量"两种。[①] 陈力丹同样对人际传播进行了论述，在其著作《试论人际传播与人际关系》中便全面分析了人际传播的基本概念，以及人际传播所包含的各种因素。[②] 此外，还有部分学者对国外人际传播研究进行了梳理，如学者刘蒙之的《美国的人际传播研究及代表性理论》，这篇文章主要对美国人际传播的发展历程以及基础理论进行了梳理，并将其细分为以下八个部分：情境视角、能力视角、关系视角、过程视角、规则视角、功能视角、文化视角和心理视角。[③] 除此之外，还有部分学者对国内人际传播研究进行了总结，如王怡红的《中国大陆人际传播研究与问题探讨（1978—2008）》，此文章主要对中国30年来人际传播研究的历程进行了总结，并提出了人际传播研究的发展建议。[④]

其次，是人际传播与大众传播、组织传播相结合的研究。胡河宁将人际传播与组织传播相结合，在《组织中的人际传播：权力游戏与政治知觉》一文中探究了在组织的权力争夺中人际传播所扮演的角色。[⑤] 在与大众传播的结合中，有学者如谢越在《谣言中的人际传播与大众传播——以"谣盐"事件实证研究为例》一文中，通过对抢盐事件的阐述，分析了人际传播与大众传播在信息传播中所扮演的不同角色。[⑥] 另外，也有业界人士对电视、网络等媒介与人际传播的结合做出了实践性的探讨。

再次，与新媒体相关的人际传播正逐步增多。网络与移动终端等新媒体的发展使得人际传播的边界得以延伸，与此相关的研究也大量涌现。其中包含宏观的网络人际传播研究，比如张放在2010年《网络人际传播效果研究的基本框架、主导范式与多学科传统》一文中，对网络人际传播中体现的以经验主义为主导的范式和多学科融合的传统进行了论述。[⑦] 微观方面的研究主要集中于手机与人际

---

① 胡春阳. 人际传播：学科与概念[J]. 国际新闻界，2009（07）：36-40.
② 陈力丹. 试论人际关系与人际传播[J]. 国际新闻界，2005（03）：42-48.
③ 刘蒙之. 美国的人际传播研究及代表性理论[J]. 国际新闻界，2009（03）：123-128.
④ 王怡红. 中国大陆人际传播研究与问题探讨（1978-2008）[J]. 新闻与传播研究，2008，15（05）：2-15.
⑤ 胡河宁. 组织中的人际传播：权力游戏与政治知觉[J]. 新闻与传播研究，2008（03）：50-56，96.
⑥ 谢越. 谣言中的人际传播与大众传播——以"谣盐"事件实证研究为例[J]. 新闻爱好者，2012（01）：7-8.
⑦ 张放. 网络人际传播效果研究的基本框架、主导范式与多学科传统[J]. 四川大学学报（哲学社会科学版），2010（02）：61-67.

传播的研究、微博等社交网络与人际传播的研究。比如薛可、陈晞、梁海在2011年《微博 VS 茶馆：对人际传播的回归与延伸》一文中，对微博与传统茶馆中的信息传播模式进行了比较，体现了网络环境下人际传播更加渗透进大众媒介的趋势，也体现了人际传播的不断扩展。[1]另外还有针对网络人际传播的特点和由此产生的社会影响的研究，譬如王依玲在《网络人际交往与网络社区归属感——对沿海发达城市网民的实证研究》一文中，对网络人际传播和人际关系带来的冲击进行了分析。[2]

最后，关于特定人群和特定情境的人际传播研究。随着社会的发展，外来人口以及大学生成为人们关注的焦点。为此，2010年，周葆华发表了《城市新移民的媒体使用与人际交往——以"新上海人"抽样调查为例》，在文章中，作者深入分析了外来人口对媒介的使用与人际交往以及外来人口融入当地社会之间的关系。[3]此外，学者刘肖岑、桑标等人在文章《自利和自谦归因影响大学生人际交往的实验研究》中对大学生群体的人际交往进行了研究，在此次研究中，作者主要运用了实验的方法论述两种归隐对人际交往的影响。[4]

目前，在西北大学、复旦大学、上海交通大学等高校都相继开设了人际传播学的课程，由于这些课程能够在实际社会生活中给予良好的引导与建议，受到了广大学生的欢迎。

通常情况下，人们认为人际传播是研究传播学的逻辑起点，为此它具有十分重要的地位和作用。与其他传播形式相比，人际传播不仅繁杂、传播信息量大，同时传播的影响也最大，而导致这一结果的原因，主要是由于人际传播具有最大的双向性以及产生效果的即时性。此外，人际传播也是其他传播学科顺利进行的基础理论，这主要是由于所有的传播形式都建立在人类作用的基础上，所以我们要做好关于人际传播理论的研究和探索。

从某种意义上来讲，传播学属于外来品，为此，我国学者在研究传播学时往往受国外研究理论的影响很深。一开始大众传播便是传播学研究的重点，但是大

---

[1] 薛可，陈晞，梁海.微博 VS.茶馆：对人际传播的回归与延伸[J].当代传播，2011（06）：67-70.
[2] 王依玲.网络人际交往与网络社区归属感——对沿海发达城市网民的实证研究[J].新闻大学，2011（01）：82-92.
[3] 周葆华.城市新移民的媒体使用与人际交往——以"新上海人"抽样调查为例[J].新闻记者，2010（04）：53-57.
[4] 刘肖岑，桑标，张文新.自利和自谦归因影响大学生人际交往的实验研究[J].心理科学，2007（05）：1068-1072.

众传播研究忽视了人际传播研究。从近代科学实验证明，一门学科的成熟与否，在很大程度上受其基础理论研究程度的影响。虽然目前我们将人际传播研究称为人际传播学，但是它的理论研究依然十分薄弱，还需要我们不断完善其理论研究，只有这样才能为其他传播学科的研究奠定良好的基础，进而推动传播学的快速发展。

## 第二节 人际传播学基本理论

任何一个门类的学科都有自己的理论体系，理论体系是一门学科的学术基础，是人们对于这门学科学习过后的一种知识总结和整理，是学科知识积累的一种形式。任何一门学科的发展进步都离不开理论的充实和完善，学者在各种各样的理论中得到各种各样的启示，引发了他们对于学科的不断创新，促使学科永不停息地向前发展。人际传播学同样也是有相应的理论体系来支撑的。

回顾人际传播研究的历史，曾出现了许多富有启发性的思想、理论。传播学是一门年轻的学科，需要借助于其他学科的支持与帮助，因此我们在这里介绍的人际传播的理论也将会不拘泥于传播学本身，它们很多是来自社会学、心理学等基础性学科的理论与知识，它们同样促进了人际传播的发展与进步，给人际传播的研究提供了启示。

### 一、与群体因素相关的理论

人际传播的发生往往会受到一定群体因素的影响，即使是两个人之间的互动也会受到其他人看法、观点的影响，或者受到群体规范的影响。所以，当我们考察人际传播的时候就要考察多种因素，以避免过分孤立地看待传播状况。在这里，我们选取其中几个具有代表性的理论进行介绍：

#### （一）"社会模仿"理论

法国著名社会心理学家塔尔德提出了"群体模仿"的概念，与此同时他于1980年出版了《模仿的法则》一书，并在书中指出社会上的一切事物无非两种行为的结果，即发明与模仿。此外，模仿是最基本的社会现象，塔尔德的这一理论在无形中表明人际交往理论对一个人人格形成的重要性。在塔尔德看来，模仿主要分为无意模仿和有意模仿两种形式，其中无意模仿主要指的是人在无意间模仿他人的行为，而有意模仿则主要指的是一个人有目的、有动机地模仿他人的行为。从某种意义上来讲，人在社会中的各种学习活动是一种无意识或有意识的模仿行为。

一般情况下，集合行为的模仿主要表现为无意识模仿，这主要是由于人们在面临突发情况或者灾害性事件时，无法采用常规的方法应对，而最直接、最简单的办法就是模仿周围人的行为，由此就产生了模仿行为。从心理学角度来讲，人的模仿行为与人的安全本身有十分密切的联系，尤其是在面对不确定因素较高的突发事件时，人们希望与大众的行为保持一致，并将其作为最安全有效的选择，然而这种未经过理性思考的模仿行为往往也是最危险的。

在其他类型的集合行为中，这种未经过理性思考的模仿行为往往是依据一些原理进行的，如匿名性原理等。研究人员曾对一些街头破坏骚乱中的越轨者进行调研，发现这些人平时都是循规蹈矩的人，而非劣迹斑斑之人，他们之所以在集合行为中做出冲动行为，是因为他们认为在集合行为中没有人可以得知他们的准确信息，他们处于一种无社会约束力的环境中。

和模仿行为的"本能论"相对立的是社会学习理论的观点。这一观点最初以米勒和多拉德为代表，他们以"强化理论"来说明人类模仿行为的产生。20世纪60年代后，学者班杜拉结合人类的认知过程来研究人类的模仿行为，他认为，人类的模仿行为和人类的许多其他行为一样，他们并不是先天的、本能性的，而是在后天的社会化过程中逐渐习得的。他发现，先前理论的许多缺失之处在于忽略了重要的社会性因素，亦即人和人之间相互影响的过程。据于此，班杜拉对攻击行为、性别角色差异与亲社会行为进行了深入研究，对模仿领域的研究做出了自己的贡献。

### （二）"群体思维"理论

群体思维的概念最初是由欧文·贾尼斯在《群体思维的牺牲品》一书中提出的，他认为当群体面临共同的目标时，大家就会服从于群体压力。这是他最初在研究政府外交行为时发现的。

贾尼斯认为，人类形成群体思维有三种因素：一是决策群体的凝聚力，凝聚力越高，就会形成越大的服从压力，让个体的观点与群体趋于一致；二是群体所在的环境具备特定的结构，其中群体受外界影响越小，就越容易形成一致，而如果决策的机制和程序不合理，就更容易使人们达成一致的不合理结论；三是由群体内、外所产生的压力，压力越大个体就越容易屈从于群体的结论。[①]

通常情况下，群体思维表现为多种症状，贾尼斯对其进行了全面的总结，具体为：第一，寻求一致，但是需要注意的是此处所说的寻求一致主要指的是不坚持自己的观点；第二，对群众做出过高的评估，在这种情况下会认为自己所属的群体的观点完全正确，同时群体所尊崇的道德也是最崇高的，抑或是认为自己所属的群体是不可战胜的；第三，无视或选择性忽视外界因素，从而导致思考呈封闭式特点；第四，寻求一致的压力，即认为所属群体的观点是正确的，并寻找各种理由来否定自己的观点。

关于如何避免群体思维，部分学者从各个方面给出了建议，具体包括四个方面：一是对群体实施监督和制约，二是积极鼓励成员提出反对意见，三是允许集体中存在不同的声音，四是寻求多数意见和少数意见间的平衡。

不管是群体思维，还是社会模仿，都在一定程度上表明我们每个人都处于一个或者多个群体之中，所以我们的人际传播很容易受群体的影响。随着网络信息技术的高速发展，信息传递速度提升，同时"去中心化"让每个人都有了更多的机会发表言论，这在一定程度上也提升了人们参与公共话题讨论的机会。然而，我国目前的网络环境缺乏理性，为此很容易形成"群体极化"。所谓的"群体极化"主要指的是群体最终形成的观点过度极端，当群体中产生的结果不合理时，其结果会产生极大的破坏力。此外，由于社会模仿行为的存在，人们也许会形成遵守社会规范的行为，但是也会产生一些非理性的群体行为，为此，在人际传播中我们应时刻保持理性的判断力。

## 二、"创新—扩散"理论

"创新—扩散"理论对新事物的传播过程进行了详细的解释，并将其分为以下几个过程：

第一，新事物。所谓新事物指的是一种创新，即一种被个人或他人视为新颖

---

[①]（美）理查德·韦斯特 林恩·H·特纳著；刘海龙译. 国外经典教材系列 传播理论导引 分析与应用 第2版 [M]. 北京：中国人民大学出版社，2007.

的事物或观念。通常情况下，人们在接受新事物的过程中受多方面因素的影响，如新事物与其所要取代的事物相比，要具有一定的优势，此外也受创新理解和运用难度的影响。除此之外，创新结果能为他人所见的程度也会影响人们对新事物的接受过程。

第二，发展阶段。一般情况下，人们在接受创新事物时也需要一定的传播阶段，而这个阶段可以概括为五点：一是获知，该阶段主要是接触创新事物并了解其具体运作的阶段；二是说服，该阶段是使人们对创新事物形成某种态度的阶段；三是决定，该阶段主要指的是接受或拒绝某一创新的过程；四是实施，该阶段主要指的是投入创新以及运用创新的阶段；五是确认，该阶段是强化或撤回相关创新决定的阶段。

第三，人的因素。通常情况下，采用创新的人群可以分为五种类型，他们分别是创新者、早期采用者、早期众多跟进者、后期众多跟进者、滞后者。而不同的创新采用者有其独特的特点，具体表现为：一是创新者，这部分人群具有胆大、敢于尝试新观念的特点，同时他们的社会关系比其他人更广。二是早期采用者，这部分人往往具有较高的社会地位，是社会系统内部最高层次的意见领袖。三是早期众多跟进者，这部分人具有较好的思维能力，善于沟通，但是他们很少居于意见领袖的地位。四是后期众多跟进者，这部分人的疑虑较多，他们之所以采用创新往往出于被动，或是出于经济需要，抑或是迫于某种社会关系压力。五是滞后者，此部分人具有循规蹈矩、观念局限以及做事依据以往经验的特点。

第四，传播的媒介。大众媒介、人际传播是其主要的媒介。二者各有优势，其中大众媒介可以很好地改变人的认知，而人际传播则可以有效改变人的态度和行为。

对于采用或拒绝一项创新后给个人或社会系统带来的变化主要有以下三点，分别是：第一，满意或不满意的后果取决于创新效果在社会系统内是建设性还是破坏性；第二，直接或间接的后果取决于个人或社会系统的变迁是对创新的一种直接回应还是创新直接后果产生的二级结果；第三，预料之中还是预料之外的后果，取决于变迁能否得到社会系统成员的公认以及是否符合众人的期望。"创新—扩散理论"同样也是人际传播对于大众传播影响的一个重要理论。

当一种新的传播媒介或传播技术产生后也会有一个逐渐扩散的过程。例如，经过十几年的发展，我国网民的数量从寥寥无几到现在已经具有相当的规模，这也逐渐地改变着我们的人际传播习惯。

### 三、"约哈瑞窗口"理论

美国心理学者约瑟夫·卢夫特和哈瑞·英汉姆于 1955 年提出了"约哈瑞窗口"理论，该理论主要是为了分析人际关系和传播的，并说明了人际传播的自我认知功能。他们通过四个方格的方式来表明人际传播中信息流动的地带以及情况，如图 2-1 所示。

|  | 自己了解的信息 | 自己不了解的信息 |
| --- | --- | --- |
| 别人了解的信息 | 透明窗格（开放区域） | 不透明窗格（盲目区域） |
| 别人不了解的信息 | 隐蔽窗格（秘密区域） | 未知窗格（未知区域） |

图 2-1 "约哈瑞窗口"

第一个方格为"开放区域"。这个区域中包含着自己以及他人都知道的自我信息，如性别、职业、家庭、年龄等。

第二个方格为"盲目区域"。此区域主要存放着"我"不知道的"他人"评价我的信息，也就是说别人知道我的信息，而我却不知道的自我信息，简而言之，这就是我们平时所说的"旁观者清"的道理。

第三个方格为"秘密区域"。该区域主要包含着"我"认为不可公开的个人信息，如隐私、个人弱点等。在这个区域中的一些信息甚至不对亲朋好友公开。也就是说这些信息是只能自己知道，而不能让他人知道的个人隐私，如情感、收入、态度等。

第四个方格为"未知区域"。此部分的信息不仅自己不知道，同时他人也不知道。通常情况下，这种信息主要指的是人身上尚未开发出来的信息或潜能，只有在遇到新情况或新问题的时候，才会生成信息，抑或是表现出来。

在与他人进行交流时，我们可以画出"约哈瑞窗口"，而每个窗口的大小则因人而异，同时人与人在情感交流中的领域和成分也有所不同。在交流中，每个人都有可能获得盲目区域的部分信息，也可能在不经意间暴露秘密区域中的信息，此外，人与人在交流中也会生成未知区域信息。总之，人与人之间的交流就是处于这种永恒的流动之中，人们在交流中渴望获得更多的信息，但是往往又无法完全达到目的。

## 四、人际需要的三维理论

舒茨（Schutz）提出了人际需要的三维理论，在他看来，人际关系模式主要表现为三种人际需要，具体包括：包容的需要、支配的需要和情感的需要。所谓的人际需要主要指的是在自己与他人之间构建一种满意的关系。具体来讲，这种关系主要是自己与他人相互交换的总量，此外，这种关系也是对他人发送行为和接收行为信息程度的满意。

第一，包容的需要。这种需要指的是个人想要与他人之间构建一种满意的相互关系。从具体上来讲，包容主要是关于在群体情境中个体的隶属问题。通常情况下，当一个人进入新环境时，会努力将自己融入这个环境之中，并与他人形成和谐的人际关系。如果在这个过程中，个人受到冷漠、孤立，那么他会变得更加孤僻，甚至退回至自己的孤独天地，抑或是通过某种方式来化解当前的困境。

包容的需要可以转化为动机，同时产生包容的行为。如果人的包容需求没有得到满足，那么他在人际关系中很容易产生低社会行为或超社会行为。低社会行为是指个体内倾、退缩、避免与他人建立关系，拒绝加入群体之中。他们一般会同别人保持一定的距离，尽量不参加、不介入别人的活动。超社会行为是指个体比较外向，经常与他人接触，常常是表现性的，这种行为对于别人有很强的感染力。这种人在人际交往中也不会有什么障碍，他们能够随着环境的变化对自己的行为做相应的改变。

第二，支配的需要。这种需要主要指的是个人在权力关系方面与他人建立满意的关系。在这种需要动机下可以有效产生支配行为。支配行为是人们之间进行决策的过程,可以分为拒绝型、独裁型和民主型。拒绝型倾向于谦虚、服从,在人际关系中比较容易接受别人的领导,缺乏主见,甘愿充当配角。独裁型喜欢支配、控制别人,喜欢权力地位,在人际关系中比较倾向于领导地位,喜欢替别人做决定,在人际传播中是一种强权的类型。民主型能够顺利地解决人际关系中的控制与权利的问题,能够根据环境的变化适时调整自己的行为,既能够顺从上级又能够处理好自己的权利关系,是人际关系中比较完美的类型。

第三,情感的需要。这种需要指的是个人与他人之间构建并维持亲密的关系。舒茨将这种需要定义为讨人喜欢、受人爱的需要。情感需要可以表现为低级的,也可以表现为高级的。舒茨将之分为低个人行为和超个人行为,较为理想的是低个人行为。低个人行为表现为避免亲密的人际关系,表面上表现得很友好,实际上希望别人与自己保持一定的情绪距离,并希望别人也这么做。超个人行为希望与别人建立亲密的关系,表现为格外具有人情味或对他人表示亲密。个人行为无论关系密切与否都能正确地看待,并根据实际情况调节自己的行为。

### 五、归因理论

从根本上来讲,归因理论属于社会心理学范畴,然而受其基础性的影响,从而使其与人际传播有较大的关系。具体而言,归因理论源自于我们生活中的疑问,即为什么。从某种意义上来讲,我们可以将归因当作是对人各种行为的解释。归因在我们日常生活中具有十分重要的作用,我们每天都离不开归因,此外,如何归因也会直接影响以后的行为。

学术界一致认为弗里茨·海德是归因理论的创始人。在弗里茨·海德看来,每一个人都会积极进行归因,并在此基础上运用逻辑思考等工具对其进行具体分析,这在一定程度上表明人们想要了解并控制自己当前所处的环境。通常情况下,影响归因的因素有两个:一是这个事件是否稳定;二是事件的控制权在谁的手里,即是受自己控制还是受外界因素控制。

一般情况下我们将归因分为两种:一是内部归因,这主要强调的是个人特质的作用,即事物受个人特质的影响。例如,他的成绩很好是因为他很聪明。二是外部归因,这主要强调的是外界环境因素的作用,如他没完成任务是因为他生病了。

并不是所有的归因都是合理的,人们有的时候会把外部原因依然归因于内部,就产生了基本归因谬误。比如炎热的夏天，有人跟我们聊天时显得很烦躁。实际上是因为天气燥热所导致的，但我们也可能因此认为"他是一个粗鲁、没有教养的人，所以才烦躁"。这样就会改变对对方的看法，并采取行动回应对方的行为，比如斥责他没有礼貌等。

基本归因谬误是由于多种因素导致的，也由此延伸出几个不同的理论，其中包括自我服务偏见、焦点效应等。自我服务偏见核心理论是：每个人都认为自己比别人强。所以，我们对自己做得好的事情和他人做不好的事情往往会进行内部归因：我很强，他们比我差，所以我比他们做得好。对于自己做得不好或他人做得好的事情往往进行外部归因：我是因为运气太差，他不过刚好撞上好运罢了。焦点效应指的是：人会错误地认为自己是社会中的焦点，很多事情的发生往往与自己有关。

归因理论给我们进行人际传播的启示是：对一个人行为原因的解释可能会影响到我们对这个人的认知、态度以及行为。因而在与人沟通的过程中，我们在思考"为什么"时，应当避免简单地把原因归结为对方是什么人，这样才能使我们看待别人或自我与他人的关系时采取更客观、理性的态度。

## 六、信息生产的"目标—计划—行动"理论

通过对"社会模仿"理论、"群体思维"理论和归因理论的分析，我们可以发现，人在很多情况下并不能理性地认识和解释事物，然而这并不代表人际传播行为是零散的、漫无目的的。信息生产的"目标—计划—行动"理论，主要是为了说明人际传播具有一定的目的性和计划性，也就是人们对自己做什么有一定的想法。从某种意义上来讲，这个理论具有一定的科学传统，该理论认为世界上的事物具有一定规律，同时其发展也遵循一定的模式，而且是客观的，为此人际交往过程中的部分特征也是客观、真实的。

此外，信息生产的"目标—计划—行动"理论认为，信息的生产主要经过三个阶段，而且这几个阶段首尾相连。第一阶段，目标。该阶段主要指的是人们期望通过人际交往活动达到某种目的。第二阶段，计划。该阶段是对目标的具体表述。第三阶段，行动。该阶段则是为了完成目标而付诸实际行动。一般情况下，传播目标主要包含四个方面：寻求帮助、给出建议、改变认知与态度、获得许可

等。计划主要包含三个方面：一是所属等级，即宏观与微观层次的计划，如战略计划、战术计划等；二是复杂程度，主要强调的是计划中的阶段数量以及未知因素等；三是完整性，即计划内容是否完整、有无漏洞。

研究表明，以下四个因素对理解计划十分关键：一是"明确度"，指的是信息传达的明确程度；二是"支配力"，指的是传者相对于受者所拥有的权力；三是"争论性"，指的是信息内在逻辑的合理性；四是"结果控制"，指的是传播者对信息内在理由的控制力。

如图 2-2 所示，该模型综合概括了这一理论的框架。

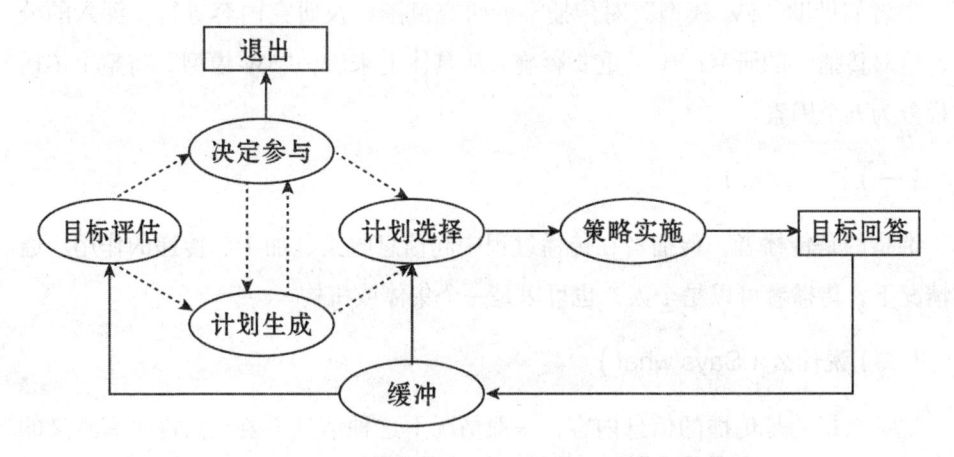

图 2-2 信息生产的"目标—计划—行动"理论模型

## 第三节 人际传播学基本模式

模式是对所描述事物的基本架构及关系的一种较为理论化的简约表达。模式表达的主要特征是：最简化、最直观地从某一特定角度显示事物的最基本因素及相互间的关系。它为我们提供了所描述事物的一种基本的结构与功能，使我们能够方便地从整体上把握事物，进而认真和深化地考察其中每一个因素及其相关性。

在传播学的研究历史上，不少学者对人际传播的方式、结构、各要素间的联系加以剖析，在人际传播的发展历史上产生了不少的理论模式。从一种模式到一种理论的飞跃通常非常快，以至于模式和理论经常被混淆，所以在研究时必须对传播的模式进行深入的理解和把握。下面，我们对几种基本传播模式进行阐述。

## 一、拉斯韦尔"5W 传播"模式

美国著名政治学家哈罗德·拉斯维尔于 1984 年提出了"5W 模型",并在其著作《传播在社会中的结构与功能》中运用该模型深入分析了人类社会的传播过程,如图 2-3 所示。

```
谁        →   说什么   →   通过什么渠道   →   对谁说    →   有什么效果
传播者         讯息          媒介              受传者         效果
```

图 2-3  拉斯韦尔 5W 传播模式

学者们借助"5W 模型"对传播学的研究范围以及研究内容进行了深入的分析,这对传播学的研究产生了重要影响。从具体上来讲,"5W 模型"将整个传播过程分为五个因素。

### (一)谁(Who)

谁指的是传播者,传播者在传播过程中起信息收集、加工、传递的作用。通常情况下,传播者可以是个人,也可以是一个集体或机构。

### (二)说什么(Says what)

说什么指的是传播的信息内容,一般情况下这种信息主要是由许多有意义的符号组合而成。

### (三)渠道(In which channel)

众所周知,信息在传播过程中需要一定的媒介,而渠道主要指的是信息传递过程中所涉及的媒介或物质载体。一般情况下,这种渠道既可以是邮件、电话等媒介,也可以是报纸、杂志等大众传播媒体。

### (四)对谁(To whom)

对谁指的是信息的接受者,我们也可以将其称之为受众。通常情况下来讲,受众是信息传播的最终对象,如听众、读者、观众等。

### (五)效果(With what effect)

效果指的是将信息传递给受众之后,受众在认知、情感、态度等方面的反应,与此同时，受众在这些方面的反应也是检验信息传递成功与否的重要尺度。

从历史环境角度来看，"5W 模型"主要是以政治传播和政策宣传作为出发点，所以该理论认为传播者的目的之一是为了影响受众，它仅将传播看作是一种单向劝服性过程，为此并不是十分关注传播的双向互动性质。另外，该理论也忽视了历史文化、外部环境以及社会制度等对传播的影响。

## 二、韦斯特利－麦克莱恩传播模式

### （一）韦斯特利－麦克莱恩传播模式的起点

韦斯特利受纽科姆对称模式的影响较大，这为韦斯特利－麦克莱恩模式的形成奠定了良好的基础。

纽科姆对称模式的形成主要建立在社会心理学的角度，是一种最简单的传播行为模式，如图 2-4 所示。

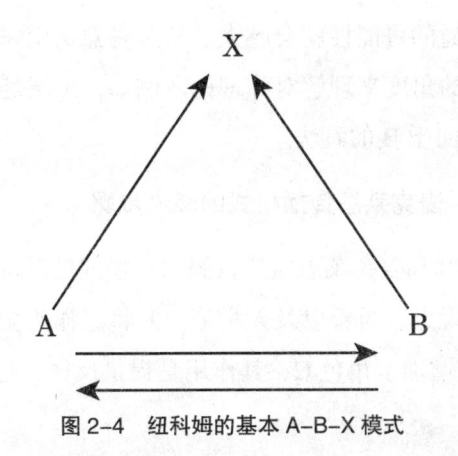

图 2-4 纽科姆的基本 A–B–X 模式

如图 2-4 所示的纽科姆对称模式，A 与 B 两个传播主体对事件 X 不仅有明确的倾向、态度，同时也有一定的认同、不认同，此外 A 与 B 之间也有一定的倾向或喜好以及喜欢或不喜欢。如果在 A 与 B 两个传播主体相互喜好的前提下，那么他们会对事件 X 存在一致的观点，都喜欢或都不喜欢，那么这时候 A、B、X 三者之间则会形成对称关系。反之，A 与 B 两个传播主体在相互不喜好的前提下，那么 A 与 B 对事件 X 的态度会有两种可能：一种是 A 与 B 持相反观点，另一种是 A 与 B 持相同观点，但是这个时候三者处于不对称状态。

从某种意义上来讲，纽科姆对称模式主要阐述的是认知一致性对传播效果的影响。当我们与自己喜欢的人一起评价事件X时，会无形中增加我们对评价的信心，与此同时，我们通过与自己喜欢的人交流，也可以在无形中巩固自己对事件X的评价倾向，并在此基础上达成某种共识。

从某种意义上来讲，纽科姆对称模式主要论述了自己对某一事件的评价或喜好的人对某一事件的评价能够直接影响一个人对此事件的评价。当然，纽科姆对称模式中的A与B处于平等地位，但是在现实生活中，群体中不同的人受个人因素影响，他们的经验、认知度等都有所不同，为此对事件的认知也就有所不同。

由此可以看出，纽科姆的对称理论比较倾向于人际吸引，如果某一个客体对双方传播者都很重要，就需要双方形成对称关系，如果不能，将会改变双方彼此间的态度。如果想要维持双方态度不变，就必须要其中一方或双方改变对客体的态度，进而建立其对称关系。纽科姆对称模式强调传播，如果A与B在对待事件X的看法上有着较大的不同，那么针对事件X，A与B将会进行沟通，A与B之间越是不对称，其沟通的可能性就会越大。从某种意义上来讲，我们可以从"物以类聚，人以群分"的角度来理解对称理论。例如，A越是崇拜B，那么A对事件X的看法则会越倾向于B的看法。

### （二）韦斯特利－麦克莱恩传播模式的渐进步骤

1957年，韦斯特利和麦克莱恩在纽科姆对称模式的基础上，将许多元素加入模式当中，如事件、观点、对象以及人物等，并将其作为偏好选择的客体，同时在主体A与B之间又增加了角色C，其作用是提供反馈，进而形成了韦斯特利－麦克莱恩传播模式。

在人们对于外界事物的正常感受机制中，角色B直接从外界获得信息X，对于X的偏好选择完全基于B自身的需要和认知，并且对于不同的B来说，对于同一个信息源如X3来说，会产生不同的，甚至完全相反的理解，如$X_{3m}$（图2-5）。

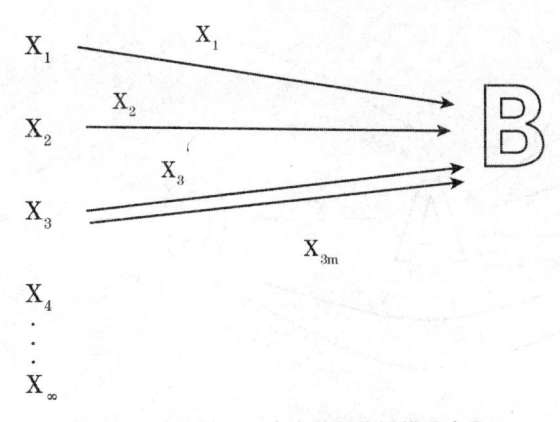

图 2-5　韦斯特利 – 麦克莱恩传播模式步骤 1

接下来，韦斯特利等人将这个模式中加入了一个角色 A，这个角色从外界的 Xs 中选择并抽象后作为一个消息（X'）传递给 B，此时，B 接收到的外界信息范围可能来自 A 的筛选再加工，也有一部分仍然来自外界，B 有意或无意地会将反馈（$f_{BA}$）传递给 A（图 2-6）。此时，这个 A 角色也就是我们通常所说的有意识的传播者，也就是一个"鼓吹者"，其目的是把想要 B 知道的信息传递给 B，以达到自身的目的。

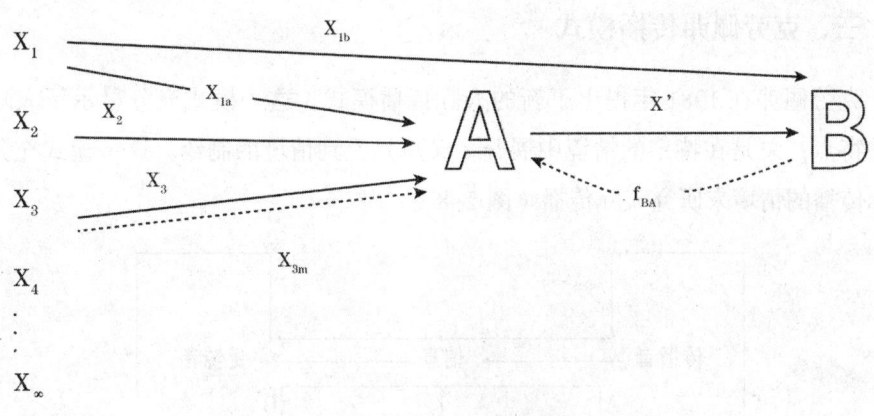

图 2-6　韦斯特利 – 麦克莱恩传播模式步骤 2

相较于步骤 2 中的"A（传播者）B（受传者）"的传统传播模式，韦斯特利 – 麦克莱恩传播模式最重要的改进在于，在 A 与 B 之间加入了角色 C，这个角色接收到 A 传来的大量信息 X，然后通过编码，传送给更为大量的 B，对信息的大范围快速扩散具有重要意义，B 对于信息的反馈可以从 B 到 C，再从 C 到 A，也可以由 B 直接反馈给 A（图 2-7）。

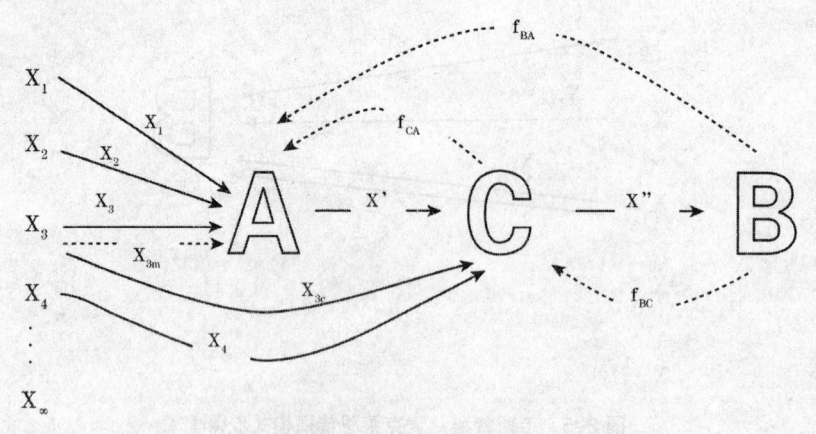

图 2-7　韦斯特利-麦克莱恩传播模式（最终形成）

对于 B 来说，C 依然是一个传播者，但它与 A 角色最大的不同之处在于，A 传递的信息是完全基于自身的意愿筛选和编码，而 C 所传递的信息，不仅反映了 A 的意愿，同时一定是基于 B 对该信息的反馈，同时，C 对于信息的编码方式，也一定是基于 B 的认知范围和理解习惯，大大地提高了传播效率和信息到达的准确性。C 亦被称为"守门人"或"把关人"。

### 三、克劳佩弗传播模式

克劳佩弗在 1981 年提出了新的人际传播模式。这一模式充分显示了人际传播的特点：总是在特定的情境中展开，又总是受到情境的制约。这一模式充分从人际传播的情境来研究人际传播（图 2-8）。

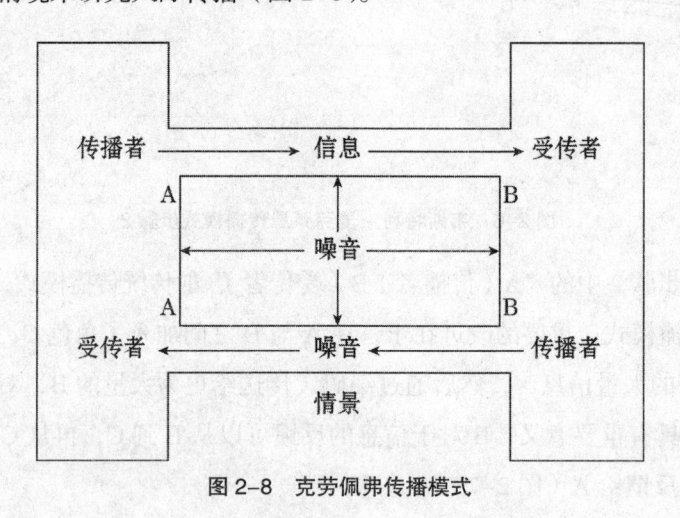

图 2-8　克劳佩弗传播模式

在克劳佩弗的模式中，A既是传送者，又是接受者；B既是接受者，又是传送者。A、B对对方的信息必须进行消化、评估、认定后才能够给予反馈。

这个模式清楚地表明了传播情境中不可忽视的一种因素，就是"噪声"，也就是说在人际传播中的干扰因素。传播中的干扰分为两类：一类是来自内部的干扰，首先表现为传播环境中物质性的噪声，其次是信息交流的渠道性噪声，这一种干扰表现为一些硬性的干扰因素；另一类是来自传播中的内部干扰，表现为一种来自传播主客体的心理干扰，在人际传播中存在的若有似无的偏见也是传播内部干扰的一种重要表现，这些都是传播中的软性干扰因素，我们常常会因为这是一种心理干扰而忽视它。

### 四、詹森传播模式

詹森的人际传播模式是比较清楚、明白地解释人际传播的模式。它把实际复杂的人际传播过程变成了比较简单的图示（图2-9）。

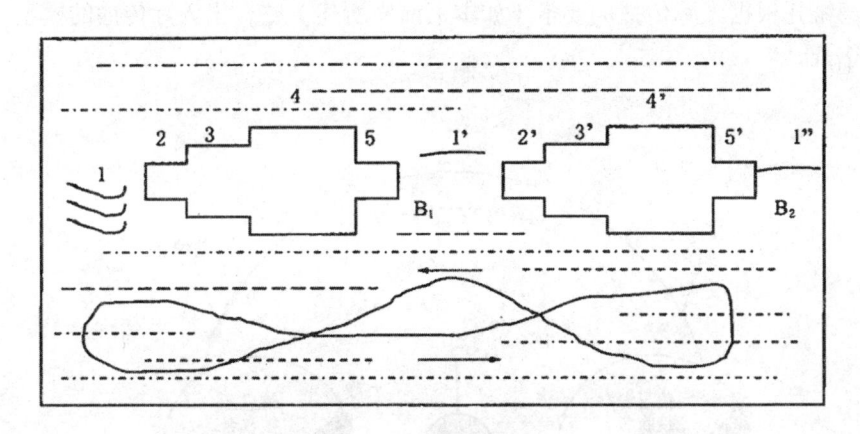

图 2-9　詹森传播模式

如图2-9所示，周围的长方形指的是传播行为发生的情境结构，存在于说话者和听话者以及传播过程的外部。弯曲的环状物是指实际传播上相互交织以及相关联的各个阶段。

真正的传播开始于步骤"1"，代表着一个事件的发生以及可以感知到的事物。这个事物就是一种刺激。虽然说并不是所有的传播过程都是因为刺激而产生的，但是詹森自己称，只有传播以某种方式与外界发生关联时，传播行为才有发生的意义。在阶段"2"开始有意地画得相对小些，目的是要强调世上所有可能刺激中，只有一小部分实际刺激了观察者。阶段"3"开始，有个体的评价作用的参与。这个阶段，神经从感官通到脑部，从而影响身体发生一些变化。阶段"4"，把阶段"3"所引起的感觉变成话语，是依照个人特有的习惯而发生的过程。阶段"5"，$B_1$个人从所有可以找到的语言符号中，选出一些符号排列成某个形式，使其具有意义。

在"1"阶段，说话者借着声波说出来，或借光波，用书写的字表示出来，成为下一个听众的刺激物，在"3"阶段有个体评价的作用，"4"阶段，开始把感觉变成话语，"5"阶段选出了某些符号并加以输出。照此周而复始，在"1"阶段，这些符号再次以声波或光波的形式，输出到另外一个人$B_2$的感官，作为另一个刺激。这样的一个传播过程是连续不断循环下去的。

### 五、约瑟夫·A. 德维托传播模式

德维托根据人际传播的要素（如本书前文所述）整合出人际传播的模型，如图2-10所示。

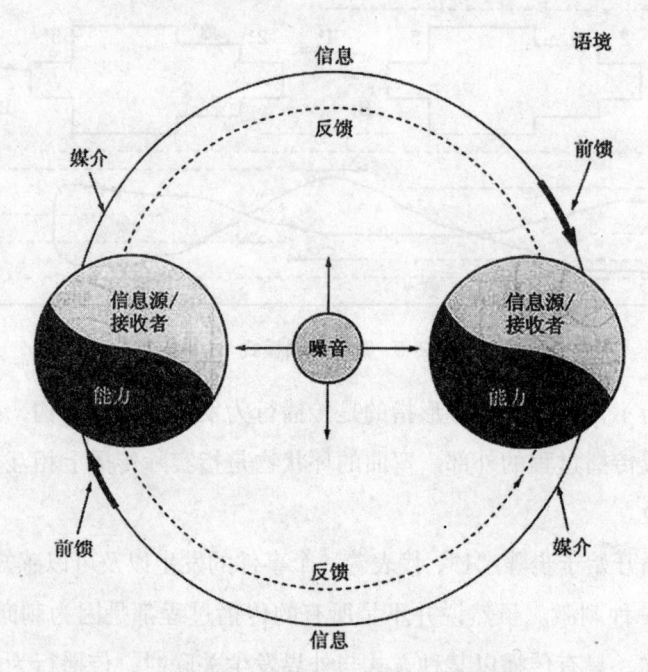

图2-10 约瑟夫·A. 德维托传播模式

德维托认为，传播并不是简单的线性传播，而是存在一个循环与反馈的过程，而这个过程中包含的各个要素都应当被视为人际传播学的一部分。

德维托人际传播模式的特点是涵盖了更多的元素，比如伦理和能力这两个因素是前人很少提到的。将社会环境的因素拆分为语境、伦理等因素，使得我们对人际传播受哪些社会因素的影响有更多的理解；对能力的强调则使得我们更多地了解到人际传播所面临的内部限制，也就是说并非所有人都能够通过合理的方式表达自己的想法，提升自己人际传播能力要学会在不同语境中选择恰当的传播方式。当然，德维托的传播模式并没有完全跳出他自己所说的"交换的观点"，虽然对传播过程中的因素进行了更细致的分析，但还没有完全突破前人的模型。

# 第三章 人际传播现象的解析

本章为人际传播现象的解析，重点阐述四个部分内容，分别为身份认同与人际传播、情感支持与人际传播、社会支持与人际传播以及机器媒介与人际传播。

## 第一节 身份认同与人际传播

### 一、身份认同的定义

身份认同主要是由两部分组成：一是标志着我们举手投足的特点，二是我们对他人做出回应、相互关联的特点。基于此，我们也可以认为，身份认同是一组帮助我们或他人建立社会期望值的标签。这种期望不仅包括我们期望或在特定环境中不得不扮演的角色，也包括我们与期待他人所说的语言、方言。如当我们进入教室时，我们期望教师用什么样的方式来说话，以及教师应该有怎样的行为举止。通常情况下，我们认为教师应该用清亮的声音对学生说话，同时还可以轻松自如地控制课堂氛围。为了使指导教师的角色发挥作用，那么也需要能让自己的角色发挥作用的学生。请注意我们所说的"发挥作用"，这是强调"身份认同"是"我们做的什么，而非我们是什么"的另一种方式。我们并非生来就注定一辈子做学生，但是我们被社会赋予了学生这个身份，而这个身份认同会在不同的时间和不同的地方凸显出来。

### 二、身份认同的特点

（一）身份认同是多维度变化的

我们是复杂多变的，这是自我的一大特点。一方面，我们每个人都以某种稳定性或模式为特征。一个人的基因组成是稳定的，我们的族群身份认同可能现在还未变化，今后有可能也不会发生变化。例如，当我们看自己的老照片时，也许会看到照片中那个人的特性与现在的自己在某些方面仍然相似。

另一方面，至少在许多地方我们的现在与过去不可同日而语。例如，我们可以想象自己9岁、10岁、14岁或15岁时的情景。青春期是每个人发生重大变化的时期。如果我们觉得没什么变化，那么也可以想想自己结婚前后或有了孩子前后对于自身身份认同的变化。

一些研究者把身份认同大致划分为个人身份认同、关系身份认同和社区身份认同。个人身份认同是人们认为使自己成为一个独特的人具有的所有特点，如对人友善、助人为乐、循规蹈矩、工作勤奋、美丽动人等。关系身份认同是基于我们与他人的关系，如母女关系、师生关系或主雇关系等。社区身份认同通常与较大的群体有关，如民族、种族、性别或国家等。

### （二）身份认同在过去和现在的关系中发展

当我们在发展"我们是谁"的时候，往往会受周围人际关系环境的影响。通常情况下，人的部分重要属性形成于5~7岁和出生时的家庭之中，与此同时，人的这些属性也是在我们生活中的人际关系中形成的。随着年龄的增长，父母会将我们介绍给周围的人，我们也会很容易结识他人。无论我们走到哪里，只有在最熟悉的地方才能感到安全。在现实中或许我们与父母的关系十分融洽，抑或是与父母关系十分糟糕。我们家庭的角色模式代表着许多关系或族群身份认同。例如，我们知道做一个好邻居、好朋友、好父母的意义，同时也明白扮演不好这些角色的后果。

从某种意义上讲，身份认同建构过程中回应模式的形成受我们家庭出身的影响，同时过去的关系也会在一定程度上影响我们的身份认同。

现存关系对身份认同的塑造同样有着十分重要的影响。例如，当我们认为新认识的朋友喜欢自己时，这种认知会影响我们做很多的事情。在学习中，如果我们所崇拜的老师给自己打了高分时，将会改变我们对自己的看法；在工作中，当我们受到领导表扬、激励时，不仅我们的情绪会变得好起来，同时我们的钱包也会变得鼓起来，反之亦然。问题在于，基因组成并不决定我们的身份认同，我们把创造这些认同的传播过程称为身份认同的建构。

### （三）身份认同可被他人认可和自我认可

身份认同可被他人认可和自我认可。他人认可指的是他人给我们划定一个我们可能同意也可能不同意的身份认同，自我认可则指我们自己给自己一个身份认同并按此行事。人们也试图协商这个自我认可和被人认可的过程。然而，当人们刻板、固执时，就会坚持己见。人们常常会通过面相、语言判断别人，而不是从"别人是谁"或"他们想成为谁"的角度来判断。当我们讨论对回应的选择时，还将遇到身份认同被人认可和自我认可的问题。

## 三、人际传播中的身份认同

### （一）对自我的认知与评价

#### 1. 自我认知的结构

自我认知指的是人在社会实践中对自身生理、心理、社会活动以及与他人关系的认知，是人意识的最高形态。从自我认知对象角度来看，自我认知主要分为物质、精神以及社会三个部分的认知。

（1）物质自我认知

通常情况下，我们又将物质自我认知称之为生理自我认知，它主要是对自身外貌、身材以及健康等物质机体的认知。

（2）精神自我认知

精神自我认知主要指的是人对自身精神素质的认知，如思想、智慧、道德、能力等。同时精神自我认知也是从精神方面来了解自己，进而形成自我精神概念。

从某种意义上讲，精神自我认知在自我认知中占据核心地位。在精神自我认知的影响下，个体可以更好地调节自己的心理，并控制自身行为，同时也会不断修正自己的观念，进而形成良好的信念和信仰，使其可以追求更好的精神生活。

（3）社会自我认知

所谓的社会自我认知，主要指的是个体对自身在社会活动中身份、地位、名誉以及社会关系等方面的认知，是个体对自身受他人、社会关注程度的反映。在社会自我认知作用下，个体可以清楚地认识到自身在他人、群体中的地位，从而形成一种反映自身社会需要的自我意识，进而逐渐形成社会自我的概念。

2. 自我认知与评价途径

当我们从理论上了解自我认知后，接下来我们来看看如何正确地认识和评价自身，进而实现自我身份的认同。具体分为以下两种途径：

第一，通过与他人进行比较来正确认识、评价自我。一般情况下，人们对自己的认识和评价都是建立在他人对自己的认识和评价的基础上的。人生活在世界上并非是孤立存在的，而是需要与人不断交往，在人与人交往的过程中，自己在观察他人，而他人也在观察自己。经过不断地观察，他人会给自己一定的评价，与此同时，自己会结合他人做出的评价而对自己有一个全新的认识。从某种意义上来讲，对自我的认知就是在这种不断地观察与评价中形成的。例如著名的"霍桑试验"，试验中那些认为自己是被选中的优秀工人的小组要比其他小组的工作效率高，虽然试验中的两个小组平时没有被分开，本身也没有差别，但是通过与其他小组的对比，做出了自我评价。

第二，对活动结果进行分析，并通过自我观察进行自我认知。人的活动往往都是内心活动的外在表现，因此，活动结果是其本质力量的对象化，我们可以通过分析自己的活动结果来认识自己。

从某种意义上讲，成功的活动对于自信心的养成有重要作用，二者呈正相关关系。如果一个人在生活、情感、学习等活动中可以获得良好的情感体验，那么他将会拥有较强的自信心。反之，如果一个人在学习、工作、生活等活动中处处不如意，那么他将丧失自信心。

此外，我们也可以在平静的状态下观察、认识与评价自我。主要是通过观察自己的心理结构、自我期望、自我要求等主观因素来分析自己对自己的情感态度，进而决定自我的判断与认识。

另外，学者德维托认为，人在通过认知构建自我的概念时还可以通过以下两种途径进行：一是社会比较，人们可以通过比较自己和他人的想法与行为以完成对自我的认知，尤其可以在与我们身份和特质接近的人群中作比较，这种比较更为明显。比如，一个人会通过与同行间的业绩作比较来看自己的工作做得怎样，一个学生可以通过与他人成绩的比较来看自己的学业是否足够好；二是文化习得，即周围的人以至社会、国家灌输给我们的世界观、人生观、价值观、信仰、态度和规范。我们可以通过将自己与这些观念和规范相比较，来形成对自己的认知。当我们达到这些标准时就会产生对自我的积极评价,未达到时则会产生对自己消极的评价。

### (二)对他人的认知与判断

人际传播必定有两个方面,除了己方以外还有他方。因此,要实现人际传播,需要有对他人的了解与判断,从而实现对他人的身份认同。

人的心理状态是不能直接被观察到的,而要通过人的活动等诸多中介来分析判断。人的言语、行动、神情、服饰、兴趣等社会行为模式往往直接反映着本人的真实心理状态。也有许多时候,这些模式仅是一种"心理假象"的呈现。如果不善于观察、辨别,就会做出错误的判断。

1. 言语判断——"闻其言而知其人"

通常情况下,言语判断主要包括两个方面:一是言语表述内容,亦可称之为内在判断;二是言语表达形式,亦可称之为外在判断。

首先,通过言语内容来判断其心理状态。一般情况下,经常将自己作为话题中心的人具有一定的自我意识,在谈话的过程中他们不会考虑对方的感受而滔滔不绝地讲话,这种人往往具有较强的表现欲,甚至是一个自我中心主义者。从某种意义上讲,以自己为中心的谈话内容是对他人的不尊重,此类人经常会以"想当年我如何如何"为话题进行交谈。相反,经常将他人作为谈话内容的人则是表示对他人的重视,当然这样的重视也存在不同的含义,有的是对他人的尊重,而有的则是想支配他人。一般来讲,从人的只言片语中就可以看出他的潜意识,只要我们深入分析便可以找出其内在的原因。

其次,通过言语表达形式来判断人的心理状态。在日常生活中,我们不仅可以从谈话内容中了解人的内心诉求,同时也可以从谈话方式中掌握其内心诉求,当然这两种获取途径有一定的差别。通常情况下,一个人的谈话方式与其内心动机具有相适性,即一种谈话方式对应一种心理状态。比如,一个人在与他人谈话时,往往会将谈话内容转移至与当前话题毫不相关的话题上来,这种人的思维比较活跃,但是从道德的角度来讲,这种人向来我行我素,不善于尊重他人。

2. 行为判断——"观其行而知其性"

行动与语言一样,是人类内心世界的外在显示。通过对人的行为状态进行判断,可以透视到其心灵的深处。对于许多人类行为,人们不难做出正确的判断。

而对于有些行为，尤其是一些属于生活细节的行为，人们却往往忽略其深层的含义。例如，人的手足活动就是内心流露的直接呈现方式等。

不需隐瞒的心理活动往往直接体现在人的语言、动作和面部表情中，而要了解需要隐瞒的心理动机则可从人的手足活动方式中印证。手足活动是人类潜意识的显示，如在平时生活中，握紧拳头的手往往表明了人们的激动与恐惧。局促不安时手的活动方式是人们在影片中最常见到的"卷衣角"的情景。

3. 神情判断——"表情是无声的语言"

人的心理产生波动时，往往会通过眼神和面部表情流露出来。因此，对人的神情进行观察分析，便可判断出对方的心理状态。

人类最隐秘的心理活动往往会通过眼神流露出来。当双方争辩或被对方质询时，如果某一方的眼睛总回避对方的视线，往往表现出他的心虚或胆怯。而至于吃惊时眼睛睁大、思考或回忆时眼神迷惘等现象则更为常见。

面部表情除眼神外，主要由脸色与肌肉形状、五官的变化来体现。如悲哀、喜悦、愤怒、恐惧、厌恶、同情等情感类型，主要是通过人的面部表情来体现的。人们常见的印象或已有的认识、判断模式中，对某一具体的人做出情绪形态的判断并不难。难的是对那些违反普遍模式的情绪实质的判断。

通常说来，流泪是表示悲哀，笑容是欢乐的标志。但是，人们常会见到悲哀至极往往会笑，欢乐至极也可能流泪，面部表情与心理状态截然相反的这种现象。如果此时还单凭表面的、一般的认识模式来判断，就会导致失误，这就需要我们能把判断对象的表情与环境背景联系起来做统一考察，以此来把握表情显示内心形态的真实程度。

4. 服饰判断——"自我的外延"

服饰形式是人类群体观念的显示，同时也是人类个性的反映，这在一定程度上表明服饰形式不仅受民族、地域等自然条件的影响，同时也受个人兴趣爱好的影响。个人的兴趣爱好使人类服饰呈现"同中见异"的特点，同时其作用也越来越明显。

服饰最显著的特点就是可以反映一个人的社会地位、职业特征等。当然，我们不能"以衣取人"，虽然"以衣取人"是最常规的认识模式，但是这种认识模式不适用于具有逆反心理的人群。例如，有的人常年身穿旧衣服却可能是百万富翁，而那些衣着靓丽的人，可能负债累累。由此可见，服饰的最终选择受个人心理特征的影响。而我们则需要透过这些表面现象来探寻其本质东西，进而了解人的心理状态。

有些人喜欢穿戴华贵的服饰，从表面看来，他们可能是进行一种自我显示。但从深层分析来看，他们精心地修饰自己，一方面是为了弥补身体上的某些自然缺陷，另一方面也是迫切希望得到社会的承认。

相反，有些人则特别忌讳穿崭新的衣服，甚至把新衣服洗过之后再穿。这种人往往缺乏自信，此种行为也是避免引起社会的注意。同时，他们对生活与人际关系有很强的适应性。

通常情况下，一个人的服饰风格突然发生变化，其生活中或是增添了重要因素，或是心理受到了某种刺激。如果稍加注意，我们便会为自己的判断寻找到有力的证据。有的人平时衣着随便、不修边幅，突然有一天他变得衣冠楚楚起来，精神状态也焕然一新。经过询问，原来他刚刚结识了一名可能成为生活伴侣的女友。然而过几天后，他又变得邋遢起来，究其原因，才知道女友又与他分道扬镳。

从这个例子来看，服饰在一定程度上反映了一个人的特性，可谓是人的自我延伸。通过个性化的服饰可以给人留下鲜明的印象。虽然服饰是为了让他人欣赏，但是不同的服饰选择在无形中形成了不同的个性特征。当然，服饰的选择往往也有某种文化背景或政治因素的作用。

## 第二节 情感支持与人际传播

情感，尤其是强烈的情感，会对人际交流产生很大影响。本节将围绕人际传播中的情感支持这个关键问题展开讨论。

### 一、情感的概述

#### （一）情感受身体、思想和文化的影响

情感至少包括三个部分：身体反应、心理评估和解释、文化规则和信念等。身体反应是我们情感体验中最为明显的部分，因为我们很容易观察到它们。

这些反应涵盖的范围很广,包括尴尬时脸红,紧张时掌心出汗,感到不适的时候摆弄头发、摸脸等。如果我们想判断对方的情感,就要注意观察这些非语言的动作。例如,看到朋友满脸笑容和大方的体态,我们就知道他见到我们很高兴。我们也可以从恋人出汗的双手、吞吞吐吐的语气和笨拙的动作推断出其非常紧张。

心理或者认知层面的情感体验包括我们基于以往经验所做出的评价和解释。例如,我们在学校餐厅看见了好朋友,但她没有跟我们打招呼。我们此时的情感反应将取决于自己怎样看待她的这个举动。如果我们知道朋友的父亲刚刚去世,她非常伤心,那么我们可能会很同情她;如果我们认为朋友很无礼、只是要故意冷落自己,我们可能会很生气;如果我们感受到她是不想再和自己做朋友了,我们可能会感到很伤心。

文化环境,即我们生于斯或者长于斯的文化氛围,为我们提供了一个如何表达自己的感情和理解他人情感的框架。例如,一名学者曾为一群中国大学生做了一场演讲。在场的学生们很有礼貌地听完了演讲,但是他们既没有给出任何评价,也没有提出任何问题。最初,演讲者以为学生们可能认为她的演讲比较枯燥,对演讲不感兴趣。后来演讲者才得知,中国学生是通过保持沉默来表达对演讲者的尊重。他们认为,提问就意味着演讲者的内容不够清晰。

### (二)情感具有适当性和不适当性

一般来讲,情感是适当的,这也就是说情感可以使我们快速适应环境。比如我们在考试中未能取得较好的成绩,此时它会引导我们努力学习;在日常生活中,如果我们害怕失去爱人,我们就会加倍去爱护他;如果我们担心某个人不喜欢自己,我们会对她特别好;如果我们在黑夜中行走时感到后面有人尾随自己,我们可能会采取一定的防范措施。以上种种例子都在一定程度上表明,情感可以帮助我们实现一些有用的目标。

在某些时候情感也是不适当的,会在一定程度上阻碍我们实现自己的目标。例如,学生在面临考试时,过度的紧张会影响他们水平的正常发挥,从而导致考试失败,当然如果我们可以冷静地面对这个问题,最后的结果可能会是好的。又如,在生活中我们害怕失去爱人,从而导致在生活中疑神疑鬼,不信任并指责爱人,这就会使双方的关系无法继续维持。

此外情感也会产生一定的不良后果,情感的这种状态有时被称之为"灾难化""可怕化"倾向，也就是说将一系列的小事最终演化为灾难性的事件。例如，我们在日常生活中会出现"如果这件事做不好，我就完了"的想法，这种自我暗示灾难的发生，往往会使我们的情绪失控。

由此可以看出，情感是一把双刃剑，情感交流亦是如此。一些情感会带来积极的结果，而一些情感则会带来不好的结果，所以在交流中如果存在情感交流不适，也会给人带来不好的印象。

### （三）情感表达可被控制

情感无论是在冲突情境还是人际关系方面的发展与解除中都十分突出，但是本质上也是信息的一部分。情感有时强烈、有时平淡，但我们必须将其当成交流的一部分，然而我们需要明白，不是每一条信息中都包含着情感，同时也并不是所有的情感都必须要表达出来。一般而言，情感感受与情感沟通是两个事件。在部分情况下，我们希望将自己的情感完全表达出来，但是有的时候，我们要在最大程度上减少情感的流露。例如，当客户表现出不想购买产品时，业务人员尽量要避免流露出沮丧的情感。

在理论界，学者对人们是否选择体会情感的认识并未达成一致，部分学者认为会，而部分学者则认为不会。不管学者持什么样的观点，我们可以控制自己的情感表达方式是值得肯定的。而是否愿意表达自己的情感，则要看自身对情感表达的态度。

### （四）情感可以传染

情感具有一定的传染性。例如，一个母亲在和婴儿相处时，母亲的情感可以快速传染给婴儿，当母亲笑时，婴儿也会跟着笑；母亲皱眉头，婴儿同样也会跟着皱眉头。随着幼儿年龄的增长，他们可以捕捉到生活中的各种情感变化，如孩子可以分辨出父母的情感波动等。总而言之，情感具有一定的传染性。

此外，还有一种观点认为，情感传染的过程是受意识控制的。也就是说，当一个人决定表达其情感时，我们会通过观察来决定自己怎样表达情感。

另外，还有一种有意识的情感传染方式，这种方式主要出现在情感诉求中，其中较为流行的情感诉求方式为激发人们的同情心，如街头上的乞讨人员就是通过向人们展现他们的困难，以此来博得人们的同情心，达到自己乞讨的目的。

另一个典型的诉求，就是使人产生负疚感。如果某人为我们做了些事，他/她可能会尽力让我们觉得有负疚感，除非我们为他/她做些事情来作为回报。又比如，某人可能故意在我们面前装出一副急需用钱的样子，让我们觉得自己如果有钱又不把钱借给他/她，那简直就是自己的罪过。有些时候，人们还通过让对方产生负疚感来达到控制的目的。

## 二、人际传播中的情感障碍

### （一）社会和文化习俗

在部分国家文化环境中，人们十分抵触情感表达，而有这种观点的人主要为男性，这部分人往往具有身体强壮、沉默寡言的特点，他们从不向人流露出柔弱的情感，同时也不会害怕，从不为自己感到难过。

大部分男性在日常生活中要逐渐适应这种不切实际的生活方式，而这种生活方式也在无形中使他们远离开放、坦诚的情感表达。一般情况下，男孩子从小被灌输"男儿有泪不轻弹"的思想，即使受到伤害也不能耍"孩子气"，这些都在一定程度上抹杀了他们的情感表达。此外，现实生活中还有部分人对敢于表达自己情感的男性做出负面的评价，认为他们不够男人、软弱、无能的各种标签蜂拥而至。另外，男性之所以深深埋藏情感的一个重要原因就是不希望被他人认为自己过于女性化。

女性在情感表达上也有一定的羁绊，在一定时期内我们十分鼓励女性积极表达自己的情感，但是当下潮头已经发生了改变，尤其是对于那些管理层的女性来讲，世人认为她们必须要坚强，不能轻易地哭，也不能在他人面前表现出脆弱的一面，为此在工作中她们必须要拒绝这些情感。

不同的单位关于情感表达都有相应的文化规则，一些单位希望他们的员工在工作时流露出快乐的情感，即使不快乐也要表现出自己很快乐。一般情况下，人们表现出来的情感往往与自己的真实情感存在一定的差异，这就会造成情感失调，进而演变为心理压力。

无论是男性还是女性，都要有选择地表达自己的情感，并认真考虑情感表达的正反双方的意见。此外在表达情感时，我们还要考虑表达哪些情感以及如何表达这些情感。

### （二）畏惧

畏惧会影响情感表达。我们在表达情感之后会将自己的一部分暴露出来，进而成为他人攻击的目标。例如，当我们想要向某人表达爱意时，就需要随时接受被拒绝的危险。此外，当我们暴露出弱点之后，便更容易被一些人伤害。

除此之外，我们可能会为了避免冲突而不去表达自己的情感，当我们的朋友带来他的朋友，而我们并不喜欢他的这个朋友时，如果说出来的话会给两个人带来麻烦，为了减少不必要的争吵，我们一般会选择不表达自己的真实情感。由此可以看出，在畏惧的影响下，我们有时会否认自己的某些情感。事实上，我们在日常的情感教育中，也接受了这样的否认式教育。

可以理解，畏惧感有时候是适当的，它可以使我们避免说一些以后可能会后悔的话。它可以使我们更谨慎地去思考，自己是否应该表达自己的情感，自己应该怎样去表达自己的情感。但是，如果畏惧使我们变得软弱或者违背我们所掌握的逻辑和常识，就是不适当的了。

### （三）不适当的交流技巧

缺乏交流技巧是影响有效情感沟通的重要因素。在现实生活中，有一部分人不知道如何表达自己的感受，这也导致现实中一些人只会使用暴力、逃避等方式来发泄自己的愤怒。此外，还有一些人在发泄愤怒的时候，往往喜欢指责他人。

从某种意义上讲，负面情感的表达更加困难。人们害怕得罪他人，抑或是害怕把事情弄得更糟，而不敢表达自己的负面情感。但是我们需要认识到抑制负面情感表达并不完全有助于个人发展，尤其是长期抑制负面情感的表达更是会阻碍个人的未来发展。

此外，恰当地表达自己的情感以及回应他人的情感是十分困难的。情感表达不仅存在有利的一面，同时也存在不利的一面。一方面，我们通过情感表达可以在无形中净化我们的精神，促进双方关系的发展。同时，情感表达也可以宣泄自己内心的不满，减轻人心中的压力和负担。此外，通过情感表达还可以拉近彼此间的关系，从而建立更加密切的人际关系。另一方面，情感的表露也会为关系的发展制造一些困难。比如，表达出我们不喜欢一个同事接电话的习惯，就很可能引发矛盾。又比如，表达自己对恋人花时间与朋友在一起的妒忌，就可能使他/她害怕自己被控制而失去自由。

### 三、人际传播中的情感支持技巧

情感是我们精神生活的一部分，同样，情感表达也是我们人际关系的一部分。情感表达往往不是我们想避免就能避免的。在一些特殊的场合，我们可能会隐藏自己的情感，但是特殊情况下，我们需要表达自己的情感。如果我们决定表达出自己的情感，首先要通过自我反省分析情感，然后再描述自己的情感。

#### （一）明白自己的感受

问问自己下面这些相关的问题："我有什么感受？我为什么会有这样的感受？"这就是说，首先要明白自己的感受，然后尽可能客观地看待自己的感受并尽可能具体地界定刺激自身情感的情景。试着去回答诸如"我为什么会这样想？"或者"是什么让我这么想的？"等问题。

#### （二）描述自己的感受

我们也可以将这一步看作是对自我情感的准确描述。具体来讲，我们可以从以下几个步骤进行：

第一，表达情感尽量具体。我们在日常生活中经常会听到"我感觉不好"，但是这句话十分模糊，受众不知道传播者到底想要表达什么意思，是我很孤独？还是我很沮丧？为此，将其具体化会对人际交往有所帮助。与此同时，在人际交往中，我们也要具体表达出情感的强烈程度，如我很伤心，我想大哭一场。另外，在人际交往中我们还要准确描述出复杂的情感。一般情况下，情感感受是复杂的、混合的，在感受过程中会产生一些矛盾的情感，为此，在表述时，务必要用准确的词汇来表达自己的感受。

第二，表达情感产生的原因。在人际交往的情感表达中，我们一定要讲述清楚情感产生的原因，如我很沮丧，因为我向我最好的朋友撒了谎。此外，如果我们的情感是受对方言谈举止行为的影响而产生，那么我们也要表达出来，如我真的很生气，因为你不愿意帮助我。

第三，表达复杂的情感。当我们的情感感受比较复杂时，而我们又想让他人理解自己的感受，那么我们需要将这些复杂的、混合的感受一一表达清楚。例如，我对他的行为感到很生气，但同时也为我自己的行为感到愧疚。

第四，无论是自我感受还是向他人表达，都要尽量把自己的情感固定于现在。除了具体地描述和界定产生情感的原因，这类陈述似乎还可以这样表达："我现在感觉自己很失败，我今天已经第三次删除这个电子文件了。""当我怎么也想不起这个公式的时候，觉得自己笨透了。""当你指出我文章中的语法错误时，我觉得自己真笨。"

第五，拥有自己的感受，对自己的感受负责。看看下面这几句话："你让我很生气""你让我觉得自己很失败""你让我觉得自己很笨""你让我觉得我根本就不属于这里"。在上述陈述中，说话人总是把自己产生情感的原因归咎于他人。当然，当人处于理智状态的时候，是不可能让别人左右自己的想法的。别人可能会对我们说些什么或者做些什么，但是该怎样理解还是看我们自己。所以说，我们的感受实际上是别人说话的内容和自己对这些内容的理解相互作用的结果。"拥有自己的感受"的意思就是为自己的感受负责，我们的感受是自己的感受。表明对自己负责最好的方法是使用"我怎么样"而不是上面的"你怎么样"。有了这样的责任意识，上面的陈述就可以改成："你回家这么晚还不提前打电话，我很生气""当你在我朋友面前批评我的时候，我觉得自己很失败""当你说一些我听不懂的医学术语的时候，我觉得自己很笨""当你在众人面前忽视我的存在时，我觉得自己不属于这里"，这些重新表述的话语很清楚地表达出了我们对他人行为的感受，没有攻击对方的意味，也没有要求他人去改变他们的行为，因此不会招致反感。使用"我怎么样"，可以让对方更清楚地意识到自己的行为，也更容易使他们改变自己的行为。

第六，自己想要什么。这往往受我们当前感受的影响，如我们希望对方充当聆听的角色，抑或是给出一定的建议。为此，我们需要使用第一人称的方式让我们的听众知道自己想要什么，如"我现在想要自己待一会儿"。

（三）回应他人的情感

表达自己的情感仅仅是情感传播过程的一部分，另一部分则是倾听、回应他人的情感。接下来，我们可以从以下几个方面来完成这个过程：

第一，利用非语言提示理解个人感受。如坐立不安、长时间的停顿以及眼神躲避等都是对方感到不适的表现。此外，还有一些不一致的信息也有助于我们了解其真实情感，如嘴上说"一切都好"，但是流露出悲伤的表情，这些都是复杂情感的线索。以上这些语言或非语言的提示只能当作是推论的一种假设，但是不能作为结论，为此我们需要分清楚哪些是推论，哪些是事实。

第二，寻找他人希望我们有所行动的暗示。有时候人们只是想要找一个聆听其情感的对象，为此，我们不要把回应他人的情感当成解决他人的问题，而是应当为其创造一个良好的环境，引导他人将自己的情感表达出来。

第三，运用积极的倾听技巧。通过这种方式可以引导并鼓励他人说出自己想说的话。此外，复述对方的话的技巧也可以强调我们对其情感感同身受，进而提出一些恰当的问题。

第四，强调。我们应站在说话者的角度来看待问题，同时也要避免对其感受进行评价。例如，"别哭了，不值得""明年还有升职机会"等评价都很容易使说话者误解为"我的情感感受是错误的、不适当的"。

第五，关注他人。在谈话时讲述我们过去相似的经历，常常有助于表明我们对说话者的理解。但是把握不好的话，往往会把重心从对方那里移走，从而产生一些问题。要通过鼓励对方表达自己的感受，表现出自己的兴趣。使用一些简单的鼓励用语，比如，"我懂了"或者"原来是这样啊，我明白了"或者问对方一些问题，向他/她表明自己在倾听、自己对他/她说的很感兴趣。

第六，牢记传播的不可逆性。不论是表达情感还是回应他人的情感表达，牢记传播的不可逆性是很有用的。我们不可能收回自己那些冷漠的、否定性的回应。我们对对方情感表达的回应可能会给对方造成巨大的影响，所以一定要注意，避免不恰当的回应。

## 第三节 社会支持与人际传播

### 一、社会支持概述

有关"社会支持"的研究最早产生于一百年之前，当时，英法两国的人口统计学家运用静态数据论证了婚姻有利于促进人体健康的构建。当代学者关于"社会支持"的研究产生于20世纪70年代中期。在20世纪40年代至70年代，学者从多个学科角度论证了压力会使人处于一种疾病、死亡、心理紊乱的高风险环境，而社会支持则可以更好地保护人们。

在社会支持早期形成阶段，学者通过不同的方式对其概念进行了定义。如凯普兰在对社会支持概念进行界定时，主要强调了支持网络构成的类型以及明确了支持行为的形式，并对以后的支持类型进行了预测；柯布通过深入分析支持接收者的经验，对社会支持的概念进行了节点，他认为社会支持是引导主体相信自己被关心、被爱、被尊重和被重视的信息。

在社会学和心理学的研究中清楚地指出了社会支持与身体、精神幸福的关联。社会学和心理学含蓄地承认了传播在社会支持的起源和影响方面扮演了一定的角色。社会学视角认为，社交网络是通过网络成员之间的传播而得以保持的，并且，社会整合可能影响幸福的诸多机制必然意味着传播。心理学视角则认为，传播是一种假设的但大部分不可见的介质，通过这个介质，无论是童年时代还是现在，感知到支持的可获得性就产生了。社会学和心理学关于社会支持的研究明显没有重视传播的这些功能。

但是，传播在社会支持的研究中已赢得更为中心的位置。我们相信，"社会支持"应该被当作传播来研究，因为在关系语境中，从一个人到另一个人传递的讯息最终都承载了传播，这些关系也就是通过互动而产生并保持的。

## 二、社会支持的传播视角及其特征

20世纪90年代，学者们逐渐开始认识到传播视角与特征在帮助有需要的人时的重要性，所以有关社会支持的具有特色的传播或者互动开始出现。

社会支持研究的传播视角与社会学和心理学视角有所不同，具体表现在四个方面。

第一，传播担负的角色具有中心性。从这个视角上看，社会支持本身便是一种传播。所以从传播视角上看，社会支持的研究便是支持性传播的研究，它主要是为研究提供或寻求帮助的语言和非语言的行为。

第二，假设了在传播和幸福之间有着相对直接的关联。在社会学和心理学视野中，传播和幸福之间的关联是间接的（比如，传播增进了社会整合，反过来，社会整合促进了幸福）。与此相反，传播视角把那些具体说来旨在提高另一个正在经历困境的人的幸福的各种传播行动当作自己的首要兴趣。因此，秉持传播视角的学者检视了以寻求减少压力和推进问题解决为目标实施的行为。

第三，它聚焦于帮助者对目标对象感知到的需要做出有意识的回应。这些需要可能源于各种急性的或者慢性的压力体验——从重大损失和挑战到出现在日常生活中的无数难过和困境，不一而足。该视角的重点是理解在感知到他人生活中出现这类事件时回应以有意识的帮助。

第四，其研究典型地展示出一种对规范的执迷。社会学和心理学传统倾向于如下假设：社会整合、可感知的支持获得性或者接收支持的数量增加将导致更好的结果。与此相反，传播视角不包括一种"更多就是更好"的面向，而是崇尚某些形式的支持性传播在质量上优于其他形式——至少在相关的某些目标的某些情形中并被某些标准评估时如此。这种面向就激发了研究致力于去确认把支持得更有效和较少有效的形式区别开来的特征，并发展出能够解释为何这些特征是有功效的理论。

## 第四节 机器媒介与人际传播

随着时代变迁、社会发展，计算机与网络已经走进千家万户，也悄无声息地对人际传播产生着影响——除了面对面进行沟通交流外，人与人之间开始更多地通过机器媒介，即计算机、手机等展开沟通，并进行传播行为。

### 一、基于机器媒介的网络人际传播

目前，人际传播的空间日益扩大，尤其是随着媒介技术的快速发展，机器媒介的出现给人际传播带来了诸多惊喜。当前被广泛应用与人际传播的机器媒介主要有计算机和手机。从具体上来讲，计算机之所以能够成为人际交往媒介，其主要建立在互联网技术发展的基础上，而手机则是将互联网技术与移动通信技术融为一体，从技术特征上看，手机是目前最高级的新媒体形式，不仅具备了计算机人际传播的特性，同时也生成了其独特的传播方式。

### (一)基于计算机的网络人际传播

计算机与互联网的诞生,最初并不是为了人际传播服务的,但是随着互联网的快速发展,网络逐渐成为人们日常生活中的重要组成部分,进而形成了网络人际传播,而且这种传播形式逐渐成为人们生活中不可或缺的一部分。从某种意义上讲,计算机与网络技术的发展为丰富人际传播提供了无限的可能,人们不仅接受了网络人际传播,同时也将其作为人际交流的主要形式之一,目前,具有代表性的网络人际传播形式主要有以下几种:

1.E-mail 与网络人际传播

E-mail(电子邮件)是利用电子手段来进行信息的交换,与传统的书信通信有一定的相似之处,此外它的出现也标志着网络人际传播的开始。具体来讲,电子邮件既可以是文字形式的,也可以是声音、图像等形式。电子邮件与传统书信相比具有较大的优势,它不仅具有多媒体交流的优势,同时在信件来往中穿插图像、音频等,能够使所表达的信息更加形象生动,也在无形中降低了人与人沟通中的障碍,提升信息传播的质量。

电子邮件打破了区域的限制,无论我们在国内还是在国外都可以通过电子邮件进行交流,即便是电子邮件不能达到高度同步性,也能实现交流的目的,而实现这一切的前提仅仅是需要一台计算机和一个电子邮箱地址。此外,虽然电子邮件仅局限于已知交流对象的范围之内,但是电子邮件的传递速度已经完全忽视了物理空间的限制,同时其交流成本也十分低,这一切都在一定程度上满足了更多人的交流需求,对和谐人际关系的建立具有十分积极的作用。

2.网络聊天与网络人际传播

我们可以将聊天划分为两种类型:一种是现实生活中的聊天,另一种是虚拟网络的聊天。通常情况下,借助于网络来完成信息交流的方式被称之为网上聊天,其形式主要包括文字聊天、语音聊天、视频聊天三种。网络聊天的工具主要有 QQ、微信、MSN 等,我们可以通过这些网络聊天工具进行一对一的聊天,也可以建群实现群聊。

通常情况下,网络聊天的对象不仅可以是现实中认识的人,也可以通过搜索功能,找到想聊天的对象,这在一定程度上拓宽了人际交往的空间。网络聊天工具的使用门槛低,同时操作也极为简单,用户只需要登录自己的账号密码便可以

第三章　人际传播现象的解析

实现信息的交流。

网络聊天与电子邮件二者均为多媒体交流形式，人们可以借助其进行文字聊天、语音聊天以及视频聊天等。一般情况下，网络聊天主要以文字聊天形式为主，人们通过文字来表达自己的情感，同时也通过文字来感受对方的情感，并了解对方，当然文字聊天中也涵盖了个性化的动作表情符号。从某种意义上来讲，文字聊天可以让人有意识地去修饰自己的情感，与此同时，网络聊天也不用过多地考虑自身的社会和心理因素。

一般而言，聊天群的建立主要基于共同的爱好，在聊天群成立之初，群成员之间并不认识，但是信息的交流是建立在平等关系的基础上的，为此群成员之间的沟通会产生意想不到的效果。同时群成员之间的多样化也在一定程度上丰富了信息来源渠道，更丰富了信息内容。群组聊天中的成员也可以进行一对一的聊天，而聊天内容仅限于双方知道，这在无形中增加了聊天的可能性，进而实现信息交换的自由，而且这种群组聊天也能够表现出较强的互动性。

正是由于网络聊天这种强大的传播优势，使其成为我们日常生活中重要的人际交流方式。

3.SNS 网络社区与网络人际传播

SNS 即社交网络服务，是一种集聊天、交友、视频分享、网络社区、网络游戏等于一体的应用软件。该软件中的网络社区建立在"六度空间理论"与网络的基础上，它是以认识朋友的朋友为基础，进而不断拓宽自己的人际圈，同时也以此来维系朋友关系网。从某种程度上讲，通过 SNS 网络社区人们可以快速在网络上找到与自己兴趣爱好相同的人，同时在 SNS 网络社区中也可以轻松实现不同族群之间的交流。SNS 网络社区为现实中的人们提供了一种既新鲜又不陌生的生活方式，快速成为人们生活中的一部分。

人们在注册 SNS 网络社区时使用的都是真实的信息，SNS 网络社区用户可以在网络社区中编辑、发布个人信息，如姓名、性别、年龄、职业、兴趣爱好等，同时用户也可以决定这些信息是否对外公开。用户使用真实信息注册成为 SNS 网络社区用户，可以实现现实人际关系网络化的目的，从而使网络交流等同于现实人际交往。此外，在 SNS 网络社区强大的互联网功能下，用户间的真实性关系会形成一张无形的且具有较强联动效应的人际网，这个人际网不仅是立体的，同时也具有较强的传播性。除此之外，SNS 网络社区实施实名制登录机制，为此，网络虚拟世界可以真实地反映社会情境，这在一定程度上提升了网络人际交流的具体化。与此同时，实名制制度也在无形中弥补了网络隐匿性带来的安全隐患，使用户处在社会道德的约束范围内进行人际交往。

此外，SNS 网络社区环境下的人际交往也具有一定的多重性。其交往对象具有广泛性，SNS 社区可以根据个人兴趣、文化程度、职业、地域等多种不同要素分别产生交往对象，不同要素之间的交织形成了一个巨大的交际网络。SNS 网络社区将个人日志、相册、聊天、站内信、论坛、互动游戏、音乐、视频等多种交流功能集于一身，实现人际交往的方式具有多样性。此外，选择性也是一个重要特征，在这个交往平台中，用户可以选择性地控制个人信息的公开度，也可以有选择地去接受交流对象和信息。

4. 微博与网络人际传播

微博是指一种基于用户关系信息分享、传播以及获取的通过关注机制分享简短实时信息的广播式的社交媒体、网络平台。微博的信息传播内容有一定的字数限制，一般为 140 字以内。用户在微博中可以自由地将文字、图片、音乐以及视频等元素进行组合，以此来描述一个事件或表达某种情感。微博的信息传播主要是通过关注他人或被他人关注的方式实现，并在此基础上通过相互评论、转发等完成人际交流互动。

微博诞生于美国的 Twitter，目前，我国各大网站也成立了微博平台，其中新浪微博的社会影响力比较大。此外，微博也以其独特的方式影响着人们的交流方式。

从用户角度来看，微博操作简单，上手容易，丰富了人们的交流形式。无论什么时间，什么地点，只要人们通过网络登录平台便可以发布信息，它不仅信息发布速度快，同时也会抢在众多宣传媒体的前面将事件公布出来，并结合其他用户的评论，一步步还原事件的真相。140 个字符的要求使用户必须要精简自己的内容，即便是有时需要一系列微博才能把信息内容表达完整，但是这样的表达方式与口语化的表达十分契合，可以更好地向受众者传递真实的自我状态。此外，微博也具有一定的选择性。这主要体现在用户获取信息方面，他们可以自由选择想要获取的信息，如用户按照个人的兴趣爱好来选择关注什么类型的信息内容，或者是关注什么类型的对象。

**（二）基于手机的网络人际传播**

手机又称为移动电话、行动电话或无线电话，它是一种可以在移动中实现人际交往的通信工具。利用手机，人们只要动动手便可以实现信息的传递，好比所交流的对象就在我们面前一样。尤其是随着5G网络技术的出现，整个互联网尽在手机之上，人们利用手机可以随时随地进行交流。不管何时何地，只要我们需要，便可以利用手机接收信息、邮件。近年来，手机的功能身份发生了变化，它不再是单纯的通信工具，同时也是通信与计算机技术融合的产物，是互联网环节中的智能终端，无形中影响着人们的生活与交流。

1. 手机短信与网络人际传播

手机作为人际通信工具，收发短信是其最基本的功能之一，旨在为人际交流服务。不管手机生产技术如何提升，产品如何更新换代，收发短信都是手机必不可少的功能。手机短信作为人际交流的方式之一，已经融入人们的日常生活之中，并成为建立、维系人际关系的重要手段。

从某种程度上来讲，手机将其便携功能与文字表达有效融合在一起，从而提升双方之间的交流效果，促进情感表达。

手机短信是建立在双方联系的基础上的，所以手机短信局限于现实人际关系，但是这也在一定程度上提升了手机短信息的可信度。此外，手机信息交流方式也是一种极为隐秘的交流手段，它可以在极大程度上保证信息交流内容的隐秘性。除此之外，由于手机用户选择手机短信交流方式是建立在巨大的心理优势的基础上的，所以在交流过程中愿意通过短信进行沟通，这有助于自我情感的表达。

人们之所以喜欢使用手机短信来沟通，这主要缘于其特有的短信文化。具体来说，手机短信文化具有实用性、娱乐性、通俗性的特点，利用手机短信，交流双方可以有足够的时间选择恰当的文字语言来表达自己的情感，也在一定程度上避免了面对面遭受对方拒绝的尴尬。另外，手机短信交流方式也能够激发短信编辑者的幽默感，从而使人与人的交流处于一个轻松欢乐的氛围。

2. 微信社交软件与网络人际传播

随着智能手机技术的发展，基于手机终端诞生了诸多手机社交软件，它们可以实现即时通信，如微信等。这些软件在设计时往往以"人性化"作为设计原则，从而在无形中降低了人际交流的门槛，也为人们提供了一个个性化的人际交流方式。目前，微信在手机社交软件中位居榜首，它拥有庞大的用户量和巨大的影响。

2011年1月21日，腾讯公司推出了微信社交软件，它不仅支持文字、语音，同时也支持图片、视频、群聊等多种功能。此外，微信中的摇一摇、漂流瓶、朋友圈等功能也在无形中扩大了人的交际圈。微信这个社交软件，仅用了433天的时间就拥有了1亿的用户，此外2013年8月15日，微信海外版（We Chat）注册用户突破1亿。由此可见，微信在人们生活中的影响力日益扩大。

微信将互联网与移动通信连接在一起，这与网络时代数字化发展趋势十分契合，它可以在无形中激发人们的信息交流热情。毫不夸张地说，微信是网络时代数字化生活方式的一个典型，它的本质是一种建立在微信社区化关系基础上的网络人际传播方式。

微信在一定程度上实现了网络虚拟与现实世界的高度融合，微信中的人际传播平台与现实生活中的人际传播环境具有高度一致性，同时，微信用户之间的传播同样与现实生活中的人际交往十分相似。从根本上来看，微信的社区化关系——朋友圈，主要建立在QQ与手机通讯录的基础上，通过这种方式可以达到维系人际关系的目的。通过微信人们可以与自己熟悉的人进行交流，或者通过摇一摇、漂流瓶等功能与陌生人进行沟通。除此之外，还可以通过公众平台功能实现人与组织之间的特殊人际传播。

## 二、基于机器媒介的网络人际传播存在的问题

### （一）人际传播"监狱"的产生

从根本上来讲，人际传播"监狱"的产生建立在无缝隙传播的基础上。人际传播具有影响力大、传播速度快的特点，为此，当人际传播出现无缝隙情形时，在人际传播的过程中便没有什么秘密可言，其信息内容将会放在全民监视的环境下。换句话来讲，人际传播"监狱"就是人与人形成的人际关系网。随着网络的快速发展，它虽然给人们带来了诸多便利，但是也伴随着信息泄露的风险，这就意味着每个人的每一次人际传播都可能被别人知道，为此，人际传播"监狱"的形成也有可能造成信息泄露。

人际传播最关键的地方在于其具有较强的私密性，其所传递的信息、情感能够不被他人所知。随着网络技术的快速发展，信息泄露的风险增加，人们在进行传播的过程中不能够倾其所有，往往会按照大众传播的标准进行相应的筛选。在新的传播媒介环境下，无论是语音还是书信都有记录功能，这在无形中增加了信息外传的可能性。当然人际传播"监狱"与自我信息显露并不相同，二者具有一定的区别，这主要体现在信息的外显是否出于自己的本意。

如果想要解决以上问题，最主要的是为人际传播提供更多的信息私密性保护措施，还要不断提升媒介使用者的素质，使他们养成保护他人隐私的意识。

### （二）人际传播媒介化

尼尔·波兹曼作为媒介环境学派的第二代掌门人，并不看好人类媒介的发展。在他看来，人们在使用传播媒介时，会逐渐习惯、依赖传播媒介，同时还会被传播媒介同化，最终丧失独立思考的能力。从目前人们使用手机传播媒介的情况来看，尼尔·波兹曼的这种担忧并非空穴来风，当前每个人基本都是手机不离手，随时随地都在使用手机社交软件聊天。

人际传播媒介化具体显现在以下几个方面：

第一，人际传播转发性内容增多。近年来，每逢过年、过节，手机上都会收到各种各样的祝福信息，而这些信息往往都是转发的，没有任何的手动编辑痕迹，这在一定程度上降低了人际传播的意义。

第二，对人际传播工具依赖性增强。当前，大部分的人基本都有一个或多个QQ、微信账号，从而方便人与人的日常联系，虽然仍有一部分人没有这些账号，但这类人群往往是老一辈的人。

第三，人际传播与现实脱离化。当前，人们十分关注社交软件的更新，而忽视了传播内容。同时，人们更加倾向于社交软件的沟通，而不太重视现实生活中的沟通，这会导致人们在无形中丧失了现实沟通的技能。此外，还有部分人将虚拟世界当成真实的世界，运用网络沟通的原则来维系现实人际关系，这可谓是得不偿失。

### （三）人际传播道德感降低

网络人际传播中的传播媒介在一定程度上起到了隔绝作用，双方无法形成面对面的交流，从而使这种传播方式具备了一定的隐匿性。在隐匿性的保护下，人们可以肆无忌惮地谈论，并在保证自身言论自由的基础上发出一些煽动性言论，或有违道德的言论。由于监管力度不够，导致部分人在现实生活中遭受网友的欺骗。此外，在网络虚拟世界中还存在一些有违伦理的现象。

究其原因，主要是网络监管力度不够，以及网络言论自由的扩大化。虽然网络工作人员会对其进行筛选排查，但是网络人际传播的信息量十分大，从而增加了其监管难度。另外，在网络环境中陌生人之间的交流很容易摆脱道德的束缚，同时也会诱发犯罪事件。

如果想要提升传播主体的道德感，务必要加强网络监管，同时还要定期开展媒介公益性活动。另外，要强化特殊人群的思想教育工作，从而使人们自觉抵抗那些借助媒介实施的违法犯罪活动。

**（四）人际传播渠道互通存在障碍**

无论是哪一个传播媒介的开发商，他们都想巩固自己在行业中的地位，从而获得更多的用户。一般情况下，以盈利为目的而开发的软件，往往与其他软件之间都有不同程度的隔阂，这也是导致人们使用很多传播工具的原因之一。虽然多样化的传播工具丰富了人际传播的途径，但是也会出现信息接收不到等方面的情况，从而导致人们对信息内容产生误解。为此，只有将多种传播工具进行整合，才能使人际传播沟通自如。

要想实现传播渠道的整合，需要三方面的共同努力，即国家政策、技术发展和运营商。5G网络的开发便是其中一个典型，它通过合理分配运营利益，最终实现了传播技术的整合与发展。人们在使用多种传播工具进行沟通时，会出现疲于应付的情境，为此，将传播工具整合为一体可以减少人们的负担。抑或是实行优胜劣汰的方式来淘汰落后的传播工具，但是在现实中每一种传播工具都有其独特的特点，这也是导致人际传播工具融合进程缓慢的重要原因。

## 三、基于机器媒介的网络人际传播问题的解决对策

**（一）正确认识基于机器媒介的人际交往与现实交往的关系**

如果仅仅因为基于机器媒介的人际传播可能带来的负面影响，而杜绝人们接

触新媒介，是不可取的。人们，尤其是青少年容易沉迷于新媒体带来的各种新奇体验，满足于在其中扮演各个角色，从而对现实中的人际交往产生厌恶心理。针对这种情况，我们必须通过多种方式，引导他们分清网络与现实的差异。

基于机器媒介的人际传播与现实中的人际传播，其主体都是人，因此二者之间存在着密切的关系，从这个角度看，基于机器媒介的人际传播实际上是现实中人际传播的延伸和补充，现实一些传播的规则也适用于此。二者之间也存在巨大差异，在传播媒介、活动方式、交往目的、传播时面对的对象等方面并不相同。

计算机、手机等媒介给人们提供的是一个虚拟的世界，在这个虚拟的世界里，人与人之间的交流通常并不需要面对面，对象很多都是陌生人，因此，其传播与沟通带有很大的偶然性与随意性。人是社会化的人，并不能脱离现实社会而生活在一个虚拟世界里，需要学习语言、知识、技能、礼仪等，以适应社会环境对人的要求。基于机器媒介的人际关系不等同于也并不能取代现实生活中的人际关系。直接地、面对面地交往是人们正常生活的基础，也是个体适应社会、培养自身健全人格的重要途径。正如有些研究者所言，虚拟生存只能以客观世界的现实性作为发展的根基，并且永远扎根于这种自然物质环境。任何认为可以脱离这种环境的想法，都会直接导向荒谬和虚妄。同时，个人在基于机器媒介的人际传播中所扮演的角色，与现实生活中也有很大不同，长期沉溺于网络人际传播的角色扮演，很容易造成虚拟与现实的脱节，而不能进行正常的社会生活。

因此，我们必须清醒地认识到现实世界与计算机、手机等媒介所提供的世界的区别，正视这个世界在给我们的交流与沟通带来便利的同时，也必然存在一些负面影响。要培养新型的人际交往观念，就要针对不同的人群尤其是青少年，进行适当的人际交往训练，在学校中开设一些人际交流课程，帮助学生建立起正确的交往观念，懂得尊重他人和如何与他人进行良好的沟通，切实加强学生在现实中的人际交往能力，帮助他们积极参加社会活动，主动而非被动与他人交流，建立起良好的人际关系。

（二）加强基于机器媒介的人际传播的道德教育、道德规范

机器媒介给人际传播带来了诸多便利，然而，其匿名性特征也为部分素质低下的人，甚至是犯罪分子提供了一个廉价的平台，使其能随意地发表不负责任的言论，散布诸如谣言等信息。尽管从技术上讲，在网络中追查一个人的真实身份

是可能的，但从现实角度来看，这需要花费大量的人力、物力与时间。在网络中辨识用户身份往往十分困难，因此，给有些人造成了可乘之机。在计算机、手机等媒介已经深深渗透到人们日常生活各个方面的时代，机器媒介的虚拟世界必须是一个理性、和谐的世界，否则会严重影响到现实社会的秩序。因此，有必要加强新媒体中人际传播的道德教育，树立起新媒体中人们交流与沟通的道德规范。

当人们与他人第一次在网络上邂逅，或当彼此间并不是很熟悉时，可以用"你好"之类的招呼语开头，结束时加一句"再见"等；发送电子邮件时，针对不同的对象，也应选择合适的称呼语；与陌生人交谈时，更需要真诚、友好，充分尊重他人，保护他人的隐私；要言语有度，选择双方都感兴趣的话题，并及时调整谈话的方向与内容；还必须尊重他人的政治、宗教信仰以及风俗习惯等。用户不能将新媒体作为自己不正当发泄情绪的工具，随意侮辱、谩骂、攻击他人，而是要保持语言的净化。

加强基于机器媒介的人际传播的道德教育是建立起基于机器媒介的人际传播道德规范的重要途径，这需要学校、家庭与社会等各个方面紧密结合起来，共同发力。首先，学校要加强对青少年的网络道德教育，他们是未来人际传播中的主体。学校在教授学生网络知识的时候，就要有意识地教授学生一些基本的网络道德规范，引导他们以积极、健康的心态对待网络，规范自身在网络上的行为。其次，家庭也要积极地推进网络道德教育的开展，平时家庭成员内部应加强交流，积极沟通，减少不必要的上网时间，并且互相提醒、监督家庭成员间在网络上的言行是否符合道德规范。最后，社会各管理部门则应加大宣传与倡导力度，积极组织、实施教育活动，并及时发现、披露与处理那些不道德的网络行为，力争在全社会形成一股文明上网的新风气。

（三）促使传播主体主动强化行为与道德的自律能力

理性、和谐的基于机器媒介的人际传播关系的建立，不仅有赖于道德规范的确立，更重要的是应促成传播主体产生内在的道德与行为自律。外在规范的他律，实际上是作为道德主体的自律的生成条件而存在，真正的道德行为，最终依赖于行为主体的道德自律。尤其在网络环境中，由于其中的人际传播所具有的匿名性与非面对面性特征，这种行为与道德自律就显得更加重要。因此，良好的基于机器媒介的人际传播秩序的形成，非常依赖于传播主体自身的道德修养与行为控制能力。

计算机、手机等机器媒介为人际传播提供了一个新平台，使人际传播变得更加便捷。它所提供的世界尽管不同于现实世界，但对人们日常生活的影响让人无法小觑。因此，这个世界里，人与人之间更需要互相信任、尊重、理解，这样才能创造一个和谐、融洽的人际关系。用户需要知道，网络提供给人的自由并非放纵，个人的自由不应建立在妨碍他人的自由与社会的进步基础上，个人在享受到计算机、手机等机器媒介带来的各种便利的同时，也要为自己的行为承担相应的社会责任和义务，而不应该利用其给他人和社会带来危害。用户们良好的媒介素养，不仅为自身营造了一个良好的人际传播环境，同时也是社会稳定、和谐发展的需要。

### （四）建设规范的、富有秩序的外部环境

除去用户自身内在的道德规范约束外，针对基于机器媒介的人际传播的负面因素，还有必要利用法律法规、技术等多种手段，对网络进行管理与规制，并将其与用户自身的道德自律有机结合起来，为基于机器媒介的人际传播创造一个良好的外部环境。

在这方面，国外部分国家的探索很有借鉴意义。例如，美国早在1978年就通过了《佛罗里达计算机犯罪法》，2004年，《儿童网上保护法》开始实施，此外，还设立《电子商务法》《网上知识产权保护法》等法律法规对网络进行管理。日本警察厅成立了"信息系统安全对策研究会"来监管网络媒体。新加坡于1996年也开始对互联网实行管制，实施分类许可证制度等。

经过10余年的发展，我国也已颁布了一批网络管理法律法规，并成立了相应的管理机构。如早在1994年，我国就发布了《中华人民共和国计算机信息系统安全保护条例》，这堪称最早的网络管理文本，后来又接连出台了《中华人民共和国电信条例》（2000）、《互联网信息服务管理方法》（2000）、《互联网上网服务营业场所管理条例》（2002）、《关于规范短信息服务有关问题的通知》（2004）、《互联网新闻信息服务管理规定》（2005）和《信息网络传播权保护条例》（2006）等。我国网络监管机构有中国互联网信息中心（CNNIC）、国家的信息产业部等。

除法律法规外，还可以利用技术手段对基于机器媒介的人际传播进行管制。我国现阶段较为流行的对互联网进行管制的方法包括阻止进入手段和过滤手段

等。阻止进入，即是限制网民对某些地址进行访问，使网民无法直接登录这些网站浏览信息、发表言论等。过滤手段，即是通过设定某些关键词等方法，阻挡与其相关的信息。例如，如果对某个词进行过滤，网民在搜索相关信息时，部分内容便无法浏览。随着中国反垃圾邮件联盟、中国互联网协会反垃圾信息工作委员会、反垃圾信息中心等组织的成立，我们要采取"疏堵结合、破立并举"的方式，通过支撑业务监管、推动行业自律、建设法律法规、开展普教宣传、加强国际合作、建立技术手段等多重举措来保障网络人际传播与交流的健康发展。

# 第四章 人际传播的语境与形式

本章为人际传播的语境与形式，重点从以下四个方面进行阐述，包括人际传播中的自我呈现、人际传播中的人际互动、人际传播中的家庭关系以及人际传播中的健康保健。

## 第一节 人际传播中的自我呈现

自我呈现也被称为自我表现，是指在人与人进行交往时，个体借助于自身的语言，表情和姿态等形式，通过自我满意来展现自我的一种过程，它是自我意识的一种外化。交际中客体（他者）总是以主体自我呈现的方式去理解主体，而主体又必须以自我呈现的方式，去观察客体如何回应，这样才能进一步实现自我认知。在人际传播中，如果想要让别人认识、了解自己，并给他人留下一个良好的印象，必须要通过多种途径展示自己。

### 一、真实呈现

真实呈现指的是个人对其本来面目的客观、真实的展示。有关研究显示，个人在如实地展现自我，特别是揭露内心秘密时，通常都会遵循互惠的原则，即一方以真诚对待对方，对方也要以真诚回应，从而使双方彼此产生好感，距离瞬间拉近。如果一方以推心置腹的方式来表达自己的想法和态度，另一方也应该推心置腹地来表达自己的意愿，否则，一方可能会产生失信之感，从而形成知觉防卫，逐渐适应与对方之间的心理距离。当与人交往时，人们总是希望自己能有一个良好的形象和口碑，以便获得别人更多的理解和支持，或者希望得到别人的尊重，以取得他人的信任。如果自己面对关系普通或者比较陌生的人时，自我表露过快或过于直接的话，就会使别人感觉我们的交际行为是轻率和突兀的。

## 二、虚无呈现

虚无呈现是指个体从反面间接地表现自我的方式，它的内容与表面形式往往是相互矛盾的。有时人们出于某种心态或在特殊情况下，不方便直接表现自己真实的想法，就会采取一些间接或相反的表现方式。比如青春期的少男少女，有时明明很喜欢对方，却故意装作满不在乎，甚至很冷漠的样子。"醉翁之意不在酒，在乎山水之间也""项庄舞剑，意在沛公""声东击西"等也是虚无呈现的例子。

## 三、夸大呈现

夸大呈现是指个体为了使别人记忆更深刻而故意对相关信息进行夸张和放大。如有人非常喜欢吹牛，这种呈现方式就是夸大呈现，而且在人际交往中非常具有代表性。有些人在获胜时会被胜利冲昏头脑，很容易忘乎所以，表现出傲慢的样子。但是，在某些特殊场合，特别是在关键时刻，这种行为往往能起到意想不到的效果。还有些人则恰恰相反，有些人很失败、自卑感很强，为掩盖失败与心中自卑感，通常会表现出很嚣张的样子，就像鲁迅的小说《阿Q正传》中的主人公"阿Q"一样，分明是落魄不堪，但是他整天挂在口头上的话就是"以前也阔过"。也有些人，由于被某个目标强烈地刺激着，或者被某一种窘境艰难地缠绕着，就有可能超水平地发挥出自己的潜力，或者用超出自身承受能力的方式来展示自我，这种也应该被归为自我夸大呈现。

## 四、收敛呈现

收敛呈现和夸大呈现正好相反，它是一种有分寸的呈现方式，不愿意或者不屑于通过展示自我的优点、收缩信号来削弱对他人的刺激作用。这种现象在心理学上称为"自我抑制"，是人在社会生活中产生的心理反应。有些学生由于缺乏自我调节能力和自控意识，往往会出现一些不正常的心理变化。常见的有以下几种情况：

第一，青年当着长者的面、下属当着上级的面，常常会出于客气和尊敬，对于他们说的话唯命是从。

第二，强者当着弱者的面不以强凌弱，强者通常会表现出谦恭礼貌、谨言慎行的态度等。

第三，刻意收敛呈现。这种行为是指在特定时间里，以韬光养晦、委曲求全、低三下四或逆来顺受为战术与手段来掩饰自我。它是一种"以虚击实"的策略方法，其作用在于使自身处于有利地位，从而达到防患于未然的目的。例如，孙膑在被庞涓削去膝骨之后，为避免受到更多迫害，不得不装出一副装疯卖傻的样子，最终让庞涓解除戒备，才得以在日后卷土重来。但是，这种方法并不总是有效的。相反，有可能会造成严重后果。

### 五、投好呈现

投好呈现是指个体为得到别人的青睐而按照别人的需求和喜好投其所好，以此来展示自己，主要途径是称赞、附和、施惠等。

称赞是指个人对别人给予积极肯定的评价。通常情况下，每个人都会表现出自尊倾向，喜欢别人对自己抱着赞许的心态。所以得体而恰当的赞美可以满足或者增强别人的自尊心，从而让别人对自己也抱有一种肯定的心态，并产生一种特殊的心理效应。夸人者与被夸者之间的关系很微妙，有时甚至会发生冲突。如果不恰当地给予他人赞扬，就可能引起对方的反感和抵触情绪，造成对别人的伤害。

附和是指个人在思想上、行为上所表现出来的观点与他人一致的现象。它包括两个方面：一是对他人行为的赞同，二是对他人态度的认同。当一个人的意见或主张赢得别人赞扬时，他就会感到自豪，从而更加努力地工作。在现实生活中，普通人喜欢价值观和信仰与自己相同的个体，所以大多时候，附和会提升别人对自己的好感度，从而给他人留下一个良好的印象。

施惠是指个人给予别人物质方面的利益。施惠得当也一样能得到受惠者青睐。施惠者一定要避免对方产生心理抵触。行之有效的办法，就是使受惠者觉得自己并没有向施惠者要求任何事情。要使施惠成功，就应设法满足受惠者的需要，要做到这一点，就要讲究技巧。此外，一定要讲究方式、顾及彼此人格特点。施惠通常不适合大庭广众，而适宜二人在单独交际时。

自我呈现方式受制于人的个性、素质、气度和外在交往情境，也受到交往双方身份、地位和相互关系等因素的制约。另外，自我呈现还受到一定社会规范与文化的影响。我们生活在社会之中，一般倾向于遵守社会规范，让自己的言行符合社会期望。当我们不小心打破这些规则的时候，就会面临压力，引起对自己行为的审视，心理学家称之为"自我监控"（self-monitoring）。不同文化对于自我呈现也有不同的要求，所以不同文化背景的人在自我呈现方面也会表现出不同的状况。

## 第二节 人际传播中的人际互动

### 一、朋友间的互动

朋友与亲属关系不同，并不是天生就有的，是通过交往而产生的。朋友关系亦不如夫妻关系具有法律保障，同时也不受严格的道德约束。朋友关系则较为松散、自由。因此，与家人关系相比，朋友关系更容易受到伤害，在相处时需要刻意地照顾。朋友的圈子和范围是比较宽泛的，点头之交、志趣相投、推心置腹者都是朋友的类型，朋友之间的亲密关系各不相同。

朋友是与家庭关系不同的亲密关系，结交朋友就是特殊关系的扩散，结交朋友才有友谊。在现实生活中，每个人都可能建立起一个与自己息息相关的友情圈子，这个圈子就是我们所说的朋友关系。那么，什么样的朋友才算是真正的好朋友呢？具体来说，友谊具有交流互动、互惠互利、互敬互爱三个方面基本特征。

首先，友谊属于一种人际关系，朋友之间一定要进行沟通和互动。友谊是建立在彼此尊重基础上的，一个人如果没有与他人进行充分有效的沟通，就无法获得对方的信任，也很难从对方那里得到真正意义上的支持和帮助。朋友关系靠交流互动来维系，好友间需要分享自己的思想、性格、爱好等，一旦彼此沟通与分享不再进行，好友关系也会慢慢变淡，友谊也会随之消失。

其次，友谊一定是互利互惠的。朋友之间一旦出现损害任何一方的情况，就不再是朋友了。友谊只能是建设性的，不像婚姻关系或父母与子女的关系那样，既可能是建设性的也可能是破坏性的。吵吵闹闹可以做一辈子夫妻，却不会有维持一生的朋友。

最后，友谊要求朋友双方彼此尊重。只要有一方不尊重另一方，就不可能做朋友。朋友之间的信任、情感支持和分享，都会促进彼此间的尊重。

可见，朋友关系本质上是一种分享和相互融入的关系。

## （一）朋友间的互动需求

友谊就其本质而言是有条件的感情。尽管从古至今人们都以"无所求"与相互奉献为结交"真朋友"之理想境界，但是在现实生活中，我们也会看到一些人与人之间并不存在真正的友情，而只是彼此互相索取。

从个人和世界传播关系中认识朋友关系就会发现，人们对于友谊的基本需要就是人们之间亲密而美好的感情。人们交友的首要动机是共享亲密感，排遣心中产生的寂寞，寻求自身的归属感，因此交友是心灵沟通的必然。具体来讲，即人们会基于一些需求而选择自己的朋友。这些需要可分为两个层次：一是满足自己的物质需要，二是满足自己的心理需要。当一个人存在物质与心理需要时，他就会建立友情。选一个能够满足你需求的人来交朋友，你就会期望得到一些来自友情的回报。人们对于朋友的特定需求，大致包括以下四个方面：

1. 获得帮助

某些人对我们实现特定的目的有所帮助，这些人一般拥有特殊的才能、技巧或资源。带着这种需求的朋友交往隐含着明确的交换要求。

2. 获得肯定和支持

人需要别人来肯定自己的价值和能力，也需要别人来欣赏自己的个性，所以人会和能满足"肯定自己"需要的人做朋友。此外，那些能够给我们以支持和鼓励的人以及让我们觉得自己有价值、有能力的人，我们一般都乐于与之交友。朋友之间的肯定和支持会增强人的自信心。在这一点上，人一般会与自己性格相似或志趣相同的人交朋友。

3. 获得视野的开阔

人们需要心灵的新鲜感与理念的碰撞，因此，我们还会交一些能带给我们新想法，有助于我们开阔眼界、增长见识的朋友。如果我们能从他们身上学到东西，那么就会对生活产生很大的帮助。在这种情况下，我们会选择和那些个性或者理念与自己相差很大的人做朋友。

4. 获得安全和信任

自我透露、与人共享私人性信息对于任何人来说都有一定的安全风险，因此，信任是定义好友的一项重要准则，而替好友保守秘密则是一个人成为好友所必备的素质。在这个世界上，信任是一种非常微妙的东西，既可以使我们获得快乐，也可能使我们失去快乐。信任可以给我们带来利益，但同时又会伤害到自己。无法令人安心与信赖的人是很难深交的，我们都想要找到不利用他人缺点与弱点、不出卖友情的人来交朋友。

5. 获得娱乐体验

能够"玩"到一起的人也能成为朋友，这就是一般说的"棋友""文友"之类。能够满足我们某方面的娱乐需要、陪伴我们共同开心的人，我们也乐于与之交朋友。

（二）友谊的类型

不同的朋友亲密程度并不相同，这是因为朋友之间的交往需要不同，因此，友谊的类型也多种多样。从交友双方的地位及付出和回报的程度来划分，可以把友谊分为三种主要类型：即互惠型、接受型和交往型。

1. 互惠型友谊

互惠型友谊对于许多人来说才是最理想的友谊，同时这也是多数人孜孜以求的"真友谊"。互惠型友谊是以双方地位平等为前提的，双方对彼此均等地给予，从中获得相应的收益与报酬，物质需要和精神需求均获得了满足。互惠型友谊需要朋友之间相互忠诚、相互宽容且彼此关爱。在交往过程中，朋友之间不仅能够彼此欣赏、相互尊重，而且还能彼此理解，这段友谊也最易发展成为一种特别要好的朋友关系。你中有我，我中有你，无所不谈的朋友通常是出于这种互惠型的友谊。

2. 接受型友谊

接受型友谊中的双方的付出与收获是不成正比的，其中，一方的情感投入较多，而另一方的投入情感相对较少；一方对自己的帮助较大，而另一方则对对方有很大的依赖性。在此种情况下，双方形成了一种相互依赖关系。这种友谊通常是以各种身份的个体为基础，这种友谊常常产生在教师与学生之间或者医生和患者之间。

3. 交往型友谊

交往型友谊属于普通友好关系，结交朋友的双方之间并无深厚的信任感与忠诚感，情谊也并不浓厚，双方在友谊中并没有付出多少感情，所以收获的回报也就很少。同学之间、邻居之间又或者同事之间一般会产生这种类型的友谊。

## （三）支持朋友关系的传播行为

### 1. 寻找共同话题

交朋友讲究的是志同道合，如果毫无共同语言或毫无共同目标，那就很难说到一块、走到一块去。因此，与朋友交谈时一定要寻找共同话题，尽量符合朋友的兴趣。如果在和朋友交谈时，不管朋友的兴趣，只管自顾自地长篇大论，这样的交谈就变成了一方的独白，根本起不到沟通信息、交流感情和增进友谊的作用，相反，还会降低朋友间的相互吸引力，淡化友谊。如何与朋友交谈，需要注意两个方面。

第一，避免对自己的好友的谈话进行评论。心理学家研究表明，在和朋友交谈时，最好的反馈方式就是做出描述性答案，或者用一句言简意赅的话来重述彼此的对话而非议论。评论会变成让对方无法按他真正想法进行交谈的压力。如果在交谈中没有进行适当的评论，不仅不会给双方带来积极的影响，反而还会造成不必要的麻烦和损失。另外，评论也有负面影响。从另一个角度讲，一个人无法让自己的全部言论都能切合对方实际，并且和他的认知全部吻合。过多的议论会伤了彼此的感情，尤其是否定性议论，结果往往会让对方觉得自己在以此来展示自己的高明。这种行为明显不利于友谊的发展。

第二，应该多给朋友正面的回馈和表扬。与朋友聊天时，自己要做到全身心听朋友的倾诉，对于双方聊天的目标要做到定向清晰，将朋友诉说的关键信息持续获取，并根据信息做出判断与回馈。善于从朋友身上发现微小的优点，并且由衷地表扬他们，给他们更积极的回馈。真心实意地从小事上表扬他人，既能让朋友们的长处得到发扬，也能让自己得到更多的友谊。

### 2. 提供信任支持

信任是友谊的桥梁。友谊既需要共同的志趣、爱好，又不可缺少相互信任。当我们尤其是年轻人有了困难和心事，往往不愿意告诉家人，而是愿意向一两个好友倾诉，一吐为快。这时，朋友们也往往给他安慰，帮助他出主意、想办法，在这种信任之中，友谊日益牢固。若不信任朋友，满腹的心事无处倾诉，那就会给自己造成巨大的心理压力，影响工作、学习和生活。一个人若是对自己的好朋友都不敢信任，那他就少了许多快乐。

另外，对于朋友的信任不可辜负，当我们失去朋友的信任，那么也就失去了这个朋友。

3. 互帮互助

在生活中，也许每个人都会拥有许多朋友，但是这些朋友是否都是真朋友到了关键时刻才会显露出来。和朋友相处时，双方能够及时相互帮助，做到"雨中送伞、雪中送炭"，这是比金钱更有价值的东西。

人可以一文不名，但是离不开朋友。一个人能忍受寂寞，却无法离开友谊。朋友是一个人最重要、最有价值的财富之一，是人与人之间心灵交流的纽带。一个人如果缺乏了好朋友的支持、鼓励和关爱，就很难有大的进步和发展。在每一个人的人生中并不是什么事都能顺风顺水的，人也许一下子就受到了重大变故，或事业受挫，或人生受到了重创，这时朋友们的关怀与热心相助，就能给人们带来无穷的温暖。朋友之间互相帮助，友谊才会越来越深厚。

4. 礼尚往来

真朋友强调朋友之间的精神交流，但恰当地互赠礼物能使好友间的友谊得到巩固和深化。比如，小小的纪念品、贺卡或者短信，都能让朋友们体会到双方之间存在的深厚友谊。朋友之间的关系并不是礼物的轻与重，而是其中蕴含的深刻含义。只需把握好时机，一份小礼物便能让朋友们的心紧紧相连。当然，作为朋友，当我们接受了彼此的馈赠之后，千万别忘了回赠礼，要讲究礼尚往来。

结交朋友也要注意细节，小事通常会体现出个人对于友情的真正看法。关注小事可以帮助自己得到更加稳固的友情。与朋友在一起，不能因为彼此是朋友就肆无忌惮，不能想说什么就说什么，想做什么就做什么；也不能对彼此漠不关心；更不能言行不一、过河拆桥、斤斤计较、自视甚高，否则早晚会伤害双方之间的友谊。

另外，我们也要意识到，一个好的社会交往应该是同时广交普通朋友和知心朋友的过程。在现实生活中，往往会有一部分人不善于处理与他人之间的关系。仅仅看重小规模的亲密交往或者仅仅忙着一般性交往并不是一种理想的交往结构。

## 二、职场互动

职场是工作场所，在其中能看到形形色色的人际关系，会发生多种多样的人际交流。职场中主要的人际关系是工作关系，即同事关系、上级和下属之间的关系。由于职场是正式的人际交往场合，而且人与人之间存在公开的竞争关系，因此，职场中的人际传播也具有独特性。

（一）职场情境中人际传播的基本特征

1. 深受文化影响

职场是所有传播语境中受文化影响最深的情境之一，既受到社会大环境的文化影响，也受到特定工作单位内部的文化影响。所有社会的文化都规定了工作场合的交流规则不同于家庭或私人交往圈的交流规则，这些成文或不成文的规则规定了哪些言语和行为适当或不适当、怎样做才能得到工作和工作的未来发展、以怎样的方式来展示自己的能力等。

每个国家、每个民族的文化传统不同，这些国家或地区的职场交流规则就不同，如有的国家文化鼓励人在职场中积极表现自己的能力和主动承担工作任务，而有的国家文化则要求人在工作中表现谦虚，主动强调自己的能力往往被认为是傲慢和不善于合作。此外，每个单位内部甚至每个部门内部都有其小环境中的独特文化，包括明文规定的单位内部的工作纪律、奖惩制度和不成文的人际交流规则，如生产流水线的工作文化和行政办公室的工作文化是明显不同的，因此，其中的人际传播规则也不同。

2. 自我透露少

职场语境中人际传播的自我透露比其他情境更少。首先，体现在工作竞争压力上。职场是一个存在公开竞争且竞争压力比其他情境都更大的地方，在这种竞争环境中，人如果透露出自己的缺点、怀疑和担心等负面意见和情绪，往往会对自己不利，可能招致争取业务机会上的失利甚至丢掉工作，可能被别人利用使自己在竞争中处于不利地位；其次，自我透露也容易带来潜在的职业风险；再次，工作关系毕竟不是亲密关系，人在不亲密的关系中交流，自我透露自然是比在亲密关系中少得多的，因为自我透露主要是为了建立密切的人际关系、增强关系的满意度以及获得对方的信任和亲密感，而同事之间的交往并不以增加亲密感为主要目的。人会很自然地和自己的家人或朋友说心里话，却很少感觉需要和自己的同事或上级、下属交心。虽然同事之间的传播确实也有大量的个人信息，但是关于个人的价值观、信仰、对他人的看法等信息一般是不便在职场交流中透露。还有一个原因是传播的不可逆性。已经说出口的话无法收回，无论过后如何努力都难以改变别人因为我们的话而产生的想法和结论，而职场中他人的评价对我们的职业发展有重要影响，自我透露会发出缺少保护性的信息，所以人在职场中说话必须非常小心，以免造成不良影响。

3. 信息交换行为以工具性为主

人际传播中都存在着信息交换行为，在社会交换的视野中，信息交换可以使双方都获得某种收益。信息时代，海量信息作为商品可以通过交换与利用实现其价值并转化成其他资源，这样能够给交换双方带来某种收益。在人际传播过程中，人们的信息交换行为往往是非公开的，信息交换行为并不是通过大众媒介进行传递的。因此，人际传播中的信息具有非公开性与"稀缺"等特点，这使得信息在传递过程中存在着一定程度上的不对称问题，从而影响了信息的交换价值。信息的非公开化可以分为两类：工具性与非工具性。工具性指有功利目的而达到物质性效益，非工具性指无功利目的而达到精神性效益。

工具性信息交换行为所交换的信息是一种隐性知识，可以用于指导市场或政治决策，也可以帮助某个单位或组织以外的人了解这个单位或组织。现代社会专门有以提供信息资源服务为职业的人，这些人在职场中的信息交换行为属于工具性。而以非提供信息资源服务为职业的人，在职场情境的人际传播中，也主要为工具性模式，因为人们常常出于工作目的彼此互换信息，旨在通过掌握更多信息资源，获得相应的物质利益。当然，职场情境的人际传播中，也有非工具性模式的人际交往，主要为满足情感需求，不过这并非处于主导地位。

4. 权力影响明显

权力对人际传播具有重要影响，职场语境受到权力的影响较其他语境更显著。人际传播中的权力可以分为三种类型：非权威型、权威型与领导型。其中，权威型与领导型会对人际传播产生较大影响，而非权威型则相对较少受到影响。权力存在于各种人际关系与人际传播语境之中，比如恋人或者夫妻间也许一方处于主导地位、朋友圈中某一个人的影响力与决定权大于另一个人、家长的权力大于子女等。在另一些背景下，权力主要靠个人信誉与感情来执行，强制性不高。在职场语境下，权力主要来源于职位与社会角色，权力能否实施主要取决于奖赏与惩罚的力度，这就造成权力本身产生的控制和服从均是强制性的。职场上的层级关系较为明显，有些人职位或者社会角色比较高，所以权力就大。每个职场中的人物都要学会顺应自己的职业层级制度和处理好自己手中掌握着多种权力的关系。

5. 注重礼貌的表达

人际传播的语境对礼貌程度有所影响，不同的语境对礼貌的要求不同，权力相差悬殊的交流语境比权力相差不多的交流语境更注重礼貌的表达，正式场合比非正式场合对礼貌的要求更高。职场既是正式场合，又是层级制度明显、人与人之间权力相差悬殊的地方，对礼貌的要求比其他语境都更高，所以在职场中的人际交流最为注重礼貌的表达。礼貌是职场中人际交往的一个十分重要的部分，如果职工认为自己在工作中不被尊重，就会降低工作的积极性和稳定性。如果人在工作中经常被粗暴地对待，如受到上级的辱骂，就会降低工作效率，也会阻碍创造力的发挥，或者导致跳槽。如果同事之间交流不注意礼貌，就会影响到同事关系和团队合作的水平与效率。总之，不符合礼貌规则的交流都不利于企业或单位的发展，而且有研究表明，上述礼貌交流的影响在商界尤其明显。

6. 以角色为主

在职场情境下，人们主要以一定社会角色的身份进入与其他人的关系之中。在这个过程中，他（她）们总是希望得到别人更多的理解和尊重，因此，需要建立起一种良好的人际关系，这就是所谓的自我认同。在家人或者朋友圈里，我们会让他人认为自己是个整体，而不是单纯作为一个角色存在。在职场之中，大家都会先成为"上级""下属""老板""员工""局长""实习生"等这些角色，至于自己情感有多丰富，人格有多完整，就不易被重视了。职场情境则需要每一个人在岗位上发挥相应的作用，而每一个人所展现的情绪与行为也应与角色要求相符。例如，"作为领导就应该有担当""作为下属就应该有下属的样子"，否则将被视为不合适或者不胜任职责而被淘汰。就此而言，每一个人在职场中所展现的自己和呈现在他人面前的自我并不真实。这种情况也可以借用马丁·布伯提出的一对范畴来解释，即交往中的"本相"（Being）与"装相"（Seeming）。所谓"本相"，是指个人原本的面貌与真正的思想态度；"装相"则是装腔作势地让他人看到，它是人与人相处时自我暴露出来的那一部分，包含着程度不一的本相的同时又包含装相。任何人际传播中都隐藏着本相和装相之间的冲突，人一方面要表现出真正的自我，另一方面也要给人以美好的感觉。人生活在社会中需要被别人认可，装相有助于人们被别人认可，因此，人们永远需要装相。反之，无论在任何情况下，一个人随便显示本相，就可能导致自己在和别人相处时吃尽苦头。

在职场上，人与人之间存在利益关系，他人的认可就意味着能保住"饭碗"或者职位晋升，所以人就比在其他情境中更需要装相，表现出符合角色要求和别人喜欢的样子。当然，装相毕竟是一种含有虚假成分的固定印象，如果人们在彼此交往中都被装相控制，结果将会是互相认不出来，不能进行真正的交流。而且人长期处于装相状态，虚假的成分也会慢慢异化人的自我，本相就会被侵蚀。事实上，人也不能忍受总是装相而不表现本相，而职场情境又很少允许人表现自己的本相，所以人就需要在其他情境中释放自己的本相，回到家或者到了亲密朋友的圈中，人往往就本相毕露。

### （二）与上级的人际传播

大到国家领导，小到普通百姓，差不多每个人都有一个上级。下属和上级之间产生交往是指因资历、权力和地位的差异而导致下层人员和上层人员之间的互动。下属对于上级的角色定位存在差异，有的人也许会认为上级是自己的朋友，有的人认为上级是自己的"敌人"。不管怎么说，下属和上级之间的互动与交流都是推销自我、实现自我价值的过程，它关系到个人事业的发展和未来，所以作为下属，要利用人际传播技巧同上级建立起良好的关系，从而使双方心情舒畅。

顺利与上级相处不仅对事业前途大有好处，也能锻炼人们的思考能力，同时还能考察人应对人生难题的能力。与上级沟通与交流，其目的不外乎使上级认识到我们的聪明才智，期望上级赏识和提拔自己，使我们有继续成长的空间。所以在同领导交流中必须注意谦虚和独具慧眼：对上级的良好指示应认真贯彻落实，同时在自己与领导意见不一时，需及时与上级沟通，在使其了解和认同自己的论点和观点时应注意运用交流技巧。

#### 1. 提议时机要恰当

在刚刚开始上班时，上级会因为事情比较多而会变得非常繁忙；到了下班的时间，上级又会表现出身心俱疲的状态，内心可能想早点回家休息了，很明显，以上两种情况并不是提出建议的好机会。如果能抓住时机提一些建设性意见和建议的话，往往就可以收到意想不到的效果。那么，什么时间比较合适呢？在上级情绪不好的情况下，再好的意见也很难用心去倾听。因此，要选择在上级有足够时间和愉快心情的情况下发表你的意见，比如，早上10点左右或午休结束以后的半个小时内。

2. 资讯及数据要有说服力

虽然有些情景下数据是很必要的，但硬要把数据表述出来，对彼此的理解和记忆都是不利的，这个时候可以用折算的方法让数据变得具象，比如香飘飘奶茶的广告里有句广告语让人记得很清楚："一年卖出 7 亿多杯，连起来可绕地球两圈"，要是直接说 7 亿杯以上的话，人是没概念的，但"绕着地球转两圈"这种说法就马上形象生动多了。

3. 说话简洁

时间就是生命，是管理者最宝贵的财富。在与上级交谈时，一定要简明扼要，突出重点。简洁就是有所选择、直截了当，十分清晰地向上级报告，对于上级最关心的问题要重点突出、言简意赅；如果需要提交一份详细的报告，则最好在报告前面附上一个内容摘要，使上级在较短的时间内，了解报告的全部内容。

4. 选择题比问答题更好

在工作中，我们时常会遇到一些需要向上级请示的问题，这个时候就要讲究提问请示的技巧。上级领导通常比较忙，没有充足的时间和精力，对于下属提出的问题的背景、细节、数据等信息不可能有足够的了解，下属如果直接抛出一个问答题，就像是给了上级一个空泛的大问题，而如果用详细的选择题的形式，则是提供了一些方案供上级选择或修改，会一目了然，让上级也更容易了解情况并做出决断，提高工作效率。

使用选择题提问的下属，对问题进行了初步的解决方案设计，会让上级觉得该下属对这个问题已经过思考才向自己请示，上级会对这样的下属有好感，选择题的选项质量越高、内容越细致或富有创意，这种好感就会越强烈。反之，如果下属对于问题不加思考就直接丢给上级，上级可能就会对这种下属产生不勤于思考的负面印象。

（三）与下属的人际传播

上级与下级之间交往，对于上级而言，这是一个发现人才、管理人才、激励人才的过程。作为部门主管应该对部门经营策略、业务数量和客户关系等问题做出正确的判断与决策，同时，应注意如何处理好和下属之间的关系。因为只有具备了良好的人际关系，才能使每个人都在自己所从事的事业中发挥积极作用，良好的人际关系又会带来巨大的效益和激励。能不能打造关系和谐与锐意进取的队伍，营造开放、自由和受人尊敬的工作氛围，主要看主管能不能很好地利用人际传播技巧来和下属进行交流，从而促进下属执行指令。

1. 态度和善、用词礼貌

员工在公司并不能随心所欲，不是想要怎么工作就怎么工作的，更不是想不干就可以随意休息的。因此，身为上级应向下级提出一定的工作要求，但是向下属提要求并不意味着对他们呼来唤去，而是用一些必要的礼貌用语。因为礼貌用语能够帮助下级提高工作质量、增加工作效率，同时也能拉近上下级之间的距离，增强彼此间的亲近感。有些上级领导和下属交流时可能忘了用"小李请进"或"小张请进"等礼貌用语，而是用"小李，进来一下""小张，把文件送去复印一下"这类用语对下属下达工作要求，这类用语有呼来唤去之感，缺乏最起码的尊重。所以，要想增进与下属的感情，不妨用些礼貌用语，比如加"请""麻烦""谢谢"之类的话。一个受人尊敬的上级首先要成为一个懂得尊重他人的人。

2. 评价下属的工作行为

领导下达任务之后，需要告诉下属这件工作的重要性，以此来激发下属的成就感，让他觉得"领导很信任我，把这样重要的工作交给了我，我一定要努力不负众望"。同时，在任务完成之后，要对下属的工作行为做出评价，检查下属是否按自己的要求去做了、做的效果如何。上级之所以必须对下属的行为做出评价，是因为上级有责任及时地向下属"提供反馈信息"，及时让他们知道自己做得对还是不对，好还是不好；什么地方做得对，什么地方不对等。绝不能等到最后和下属"算总账"，这样不仅不能保证公司的正常运转，而且对于上下级关系也是不利的。

在下达任务的时候，最好也给出此项任务明确的最后期限，也尽可能地量化此项任务目标，这样有利于让下属有一个明确的任务完成计划，也能提高其积极性。

3. 给下属更大的自主权

古语有云，"疑人不用，用人不疑"，在确定由下属承担某一任务时，应尽量给予其较大的自主权，使其获得所需资料，从而使其能够按照任务的性质与要求更好地开发个人创造力。在战场上将领经常会说"将在外，君命有所不受"，职场虽然与战场不同，但是也要给下属一些自主权，以应局势变化及工作需要而灵活机动地做出决断。领导者善于授权有利于让下属发挥才能，领导者自身就可以专注于其他事务性工作，人力资源就完全优化配置了。每个下属都是管理者不可忽视的重要因素，领导对下属的态度直接影响着管理效果。比如，"此次新品推介将全权委托您来做详细策划案，此外，财务部本人也进行了协调，并将提供部分所需报表"。能主动向下属提出问题和建议，接受下属的良好建议，对下属表示赞扬。当大家一起讨论情况、提出应对措施的时候，可以采纳下属的良好建议，对其大加赞赏。如果下级有了问题与困难，希望上级部门协调解决的时候，要与下级一起来分析问题、讨论形势，并以最快的速度提出解决问题的办法。

4. 正确奖赏或批评下属

在按原来所提的要求对下属的行为做出评价之后，还要及时地对那些干得好的下属给予不同形式的奖励，要科学地调节薪酬，提高员工的工作积极性，形成良性的竞争机制。对那些有过失的下属提出批评，乃至给予必要的处罚。评价和赏罚可以起到"行为筛选"的作用，即保留那些符合要求的行为，而淘汰那些不符合要求的行为。当然，批评时要讲究方法，最好采用"三明治"式的方法，先说明谈话的主要原因，然后引导员工自己认识到错误，接着引导其自己找到解决方案，最后以鼓励员工改进收场。

没有原来所提的要求，评价和赏罚就没有依据；如果没有评价和赏罚，原来所提的要求就很可能落空。

总之，领导在与下属沟通时，不要趾高气扬，应该和蔼可亲、庄重有礼，避免用高高在上的态度来同下属谈话。对下属工作中的成绩应该加以肯定和赞美，但也不要显得过于亲密，以致使其太放纵；也不要以教训的口气滔滔不绝地讲个没完，使下属感到厌烦，应给予合理的赏罚，并营造民主的氛围鼓励他们进言。通过沟通技巧提升下属接受命令、执行命令的意愿，营造一个融洽的工作环境。

（四）与同事的人际传播

在人的生命中，很长一部分时间是和同事们度过的。在我们的工作环境里，建立良好的人际关系，得到大家的尊重，无疑对自己的生存和发展有着极大的帮助，同时，有一个愉快的工作环境，可以使我们忘记工作的单调和疲倦，也使我们对生活能有一个美好的心态。

在同事之间要建立良好融洽的人际关系，彼此必须经常相互沟通。任何一个有修养、集体感强的人，都会愿意以自己的情绪、语言、得体的举止和善意的态度，去感染、吸引或帮助周围的同事，这样就会使人与人之间的交涉更融洽。

1. 积极寒暄、打招呼

和同事之间要想达到工作上配合默契，生活上相互帮助，就要注意从多方面培养感情，制造和谐融洽的气氛，而同事之间的寒暄有利于营造这种气氛。比如，早上上班见面时微笑着说声"早上好"，下班时道声"再见"等。这对培养和营造同事之间亲善友好的气氛是很有益处的。另外，外出公差或工作时间要离开岗位办一件急事，也最好和同事说明缘由，这样如果有人找时，同事就可以告诉他们自己的去向。如果来了急事要处理，同事也好帮助料理。寒暄、打招呼看起来微不足道，但实际上它又是一个体现同事之间相互尊重、礼貌、友好的大问题。

2. 注意自己的言行

在单位或者办公室里，与同事搞好关系非常重要。和谐的感情、愉快的情绪不仅对做好工作有好处，而且对自身的身心健康也有好处，感情不和睦就会影响到工作与情绪的和谐。因此，处理同事之间的关系就显得尤为重要。如果处理不当，不仅不能达到目的，反而会给对方造成伤害。造成同事之间关系不和谐乃至紧张，除重大问题冲突、直接利害冲突之外，平日里对言行细节重视不够也是造成这种问题的因素之一。因此，这就要求我们在和同事进行人际传播的时候注意自己的一言一行，考虑到言行给同事带来的影响。

3. 注意对方的年龄

对于比自己年龄大的同事来说，还是谦逊顺从一点为好。年长的同事多为长辈，具有丰富的阅历，与其交谈，千万不要讥讽他们的思想和行为陈旧过时，要抱有尊敬的态度。哪怕自己并不认同他们的观点，也得留心倾听并发表自己的看法。对于年纪大的同事来说，还是不轻易问他的年纪为好，因为有的人对此会有避讳，问起来往往会让他尴尬、颓丧。因此，当和年长同事交谈时，不需要提及他们的年纪，只需要赞美他们所做的一切，这一定能让年长的同事心里暖暖的，让他们觉得自己依然还是很年轻、很健康。

对同龄同事的态度可以稍微随意一些，但是也要讲究尺度，切忌口出狂言，不能伤及同事的自尊心。当自己跟同龄或年纪相仿的异性同事交谈时，要特别注意不要乱开玩笑，态度也不要暧昧不清，以免造成某些无谓的怀疑和误解。

对于年龄比自己小的同事，在交往时也要讲究一些尺度。要保持谨慎和深沉的状态。年龄小一些的同事在一些想法上可能过于冒进或者知识经验不足，因此，在和他交谈时要注意不随声附和他们的观点，也不要与之争论。只要告诉他们应该保持对你应有的尊重，年龄较小的同事便能为此保持应有的姿态。切不可夸夸其谈、炫耀经验，甚至信口开河，超出了自己的学识范围，否则，一经他们察觉，便会减少对自己的信任感和敬意。

另外，由于现在网络语言等新语汇的发展，使用这些新语汇的以年轻人居多，但对于不同年龄的同事，尤其是长者，我们应注意避免使用这类语汇，否则对方可能会听不懂，甚至可能会产生误会。

4.适度地赞美对方

俗话说"礼多人不怪"。在人际交往中，赞美也如同是一种沟通中的"礼"，是人们不会讨厌的。从社会心理学的角度来说，赞美能够有效地缩短人与人之间的心理距离。在工作场合中，合时宜的赞美往往可以让同事心情愉悦。例如，女同事如果穿了新衣服，可以赞美其衣服显得人更加精神、好看。当然，这种赞美也要有真实的情感体验，要适度，如果赞美太过夸张甚至失实，则会有阿谀奉承之嫌，还可能让人觉得非常虚伪。

在一个单位里，每个人都有自己的个性、爱好、追求和生活方式，因环境、教养、文化水平和生活经历等方面的不同，不可能要求每个人都与他所处的群体合拍。任何一项事业的成功，都不可能仅靠一个人的力量，必须依靠合作才能完成。因此，与同事友好共事、和睦相处，对一个人工作是否顺心如意、能否成功晋升起着举足轻重的作用。

## 三、社交互动

社交互动，这里指的是在社交场合的互动。社交场合是指工作之余交往应酬的场合，通俗地讲，就是人们下班后跟朋友、熟人在一起交际应酬的时间，比如宴会、舞会、拜访等，这些都是非常典型的社交。接下来，本书分别介绍在这些不同的社交场合中，人际传播呈现的不同特点以及需要注意的问题。

### (一)宴会社交互动

宴会，通常是指宾主在一起饮酒吃饭的聚会，一般是由机关、团体、组织或个人出于一定的目的出面组织的。宴会是开展社交活动的有效手段。宴会通过宾主欢聚一堂，品尝美酒佳肴、畅叙友谊、表达情感，从而增进了解。

宴会按照性质、场所、规模大小、重要程度、正规程度等，可以分为正式宴会和非正式宴会两种。正式宴会是指按一定的规格正经摆设的筵席，如国宴、公务商务宴会及婚宴、寿宴等。非正式宴会就是通常所说的便宴，一般是在家里举行，也有在餐馆或俱乐部举行的，适用于人们的日常友好交往，如老朋友和同事之间的聚会等，其形式相对自由、简便、随意，并且不局限于固定的程序。如家宴就是非正式宴会的一种，是在家中宴请客人的便宴，一般适用于关系较为亲近的人。

在社交活动频繁的当今社会，很多人际交往、生意洽谈和事务交涉都往往由餐饮宴会促成。所以，不论个人身份地位高低均有可能赴宴。现代餐饮文化发展到今天，说明宴会的主旨并不仅仅局限于"吃饭"，而是更多地体现在文化、情感以及信息等方面的传达。如果一个人不能很好地与他人交往，就无法融入整个社会群体之中，同样，一个人没有良好的社交能力也将影响其事业的成功。所以，无论是出席正式宴会还是非正式宴会都必须讲究仪表和按时赴宴的基本礼仪，除此之外，还必须重视自己在宴会中的言行举止，这样才能成为受人欢迎和尊重的来宾。

第一，注意宴会中的谈吐，特别是席间。所谓"食不言，寝不语"，虽然近年来大家不像过去一样严格地遵守"食不言"，但在饭桌上交谈还是存在着许多无需明说的规则，在宴会上如果没有遵守这些规则的话，就会对客人造成不良影响。避免在进餐过程中讲话，比如嘴里含着饭就不要讲话，一定要等到饭咽下去才能张嘴说话；交谈内容不能随自己的想法随口而出，要谨慎言语内容，以免讲出来后使同桌的客人倒胃口。

第二，就餐动作必须要自然，姿态要优雅。切勿用双肘弩张的方式支撑桌面，这种方式会阻碍他人吃饭。双脚还要平放在自己椅子前，避免踹到其他客人。用餐具、嚼东西都不应该发出声音，吃到嘴里的东西不应该吐出。进餐时，遇有特别情况，应妥善处理，尽量避免引起其他人注意。比如，食物被打翻到地上，要迅速用手或者餐具拿起来放在碟子旁，以免打扰别人。

（二）舞会社交互动

舞会是最广泛、最受欢迎、最具娱乐性的一种社交聚会，在优美的音乐声中，自愿、轻松、愉快的双人共舞形式能够使人们享受到自我放松、健康身心的感觉。同时，舞会也可用于与朋友联络感情，展示交际风采，是世界通用的典型社交方式。舞会可以作为一项单独活动，也可以作为聚会、宴请活动之后的余兴。舞会的组织者和参加者都应该了解舞会的礼仪规范，这样才能达到舞会娱乐的目的，产生应有的社交效果。

组织舞会要注意时间的选择、场地布置和邀请的客人等问题。舞会一般在晚上举行比较好，因为晚上有利于营造舞场的气氛；舞会场地大小应与参加的人数相当，尽量宽敞，还要注意地面干净、光滑，灯光柔和且有变化等。

舞会除了跳舞陶冶身心之外，还可联络老朋友、结交新朋友，特别是异性朋友，因此又称交谊舞会。那么在舞会这样一种特殊的社交场合，该如何寻找合适的话题以结交新朋友？关键是要抓住舞会这一特定场合的气氛，然后是舞伴的心理特征。根据不同的气氛和特征，我们可以从以下几个方面来选择话题切入口：

首先，选择从跳舞本身说起。如从对方的舞姿、舞技开始，询问对方擅长和喜欢的舞蹈，以及学习跳舞时间的长短等。如果自己是一位舞场高手，还可以把自己有关舞蹈的知识悉数传授给对方。如果对方是初学者，则可以从教对方跳舞开始，帮助她或他矫正动作，进而引出话题。

其次，从介绍自己或赞美对方开始说起。在舞会上，向舞伴问这问那显然不太合适，但有时候又很想交谈，那么这时则可以从介绍自己开始，讲述发生在自己身上的一些有趣的事情，这样既可以调节沉闷的气氛，又可以让对方感受到自己的诚恳，使其放松紧张、戒备的心理，并自然而然地谈起自身的个人情况。或者先赞美对方的着装或舞姿、舞技等，让对方获得一定程度的心理满足，再将话题深入引进。

寻找话题的另一种常用方法，就是以舞会现场的其他人或物作为切入点，这样至少可以保证不会无话可说。例如，询问舞伴对舞会的主持人的印象，然后由对主持人的评价转入舞伴所喜欢的话题范围，或询问与舞伴同来朋友的身份、职业等。

当然，在舞会上一般不宜深谈和长谈。如果有意加深交往，则可以询问联络方法，经对方同意后再联络，以促进双方友谊。

### （三）拜访社交互动

在社会交往中，人们不可避免地会因为种种原因而主动拜访别人，或者会见别人。那么，如何进行有效的拜访呢？这是在日常生活中经常会遇到的一个问题。拜访和我们常说的串门不一样，串门大多是指街坊好友间的来往，想说什么说什么，想谈论什么话题就谈论什么话题，表现得较为随便。拜访与串门相比要更加正式，来访对象多为新识好友、德高望重的长辈或者与利益有关者等。拜访在生活、工作等方面是必不可少的日常行为，同时也在社会交际中占据着举足轻重的地位。所以，懂得每天不可缺少的生活、工作拜访礼仪是成功进行社会交往的首要环节。

1. 确定拜访时间

我们要和对方约定会面时间后再进行拜访，切忌成为不速之客。正式见面还要提前商定具体时间，为双方作好必要准备和安排议程。一般来说，私人拜访尽量避免在用餐时间和睡觉时间进行。尽管拜访者属于主动一方，但是预约来访时间的主动权应掌握在被访者手中，由被访者来确定时间，一是便于被访者安排时间，二是使被访者感受到拜访者的敬意，可采取"你哪天有空""你几点方便"等此类话术进行邀约。如有事必须撤销拜访，要及早告知和说明原因，以取得对方的理解。

约好时间，拜访时间不宜过长，应将拜访时间限制在二十分钟至一小时。在约定的时间内，要尽量与对方进行深入交谈。避免以"不知道""不清楚"等理由拒绝对方。与其拖拖拉拉直到对方不感兴趣了才进入主题，还不如在对方兴趣不大的情况下就直入主题。如发现对方有事、家里来了客人或者心情不好，要主动告辞或者提出改日再进行拜访的情况，征得对方的同意后，就可以改日再来拜访。

2. 注意拜访言语

拜访的目的主要是发展和维系友谊，而并非为了结束友谊，所以在言语态度上要特别小心，尽量不要伤害对方的自尊心。如果存在意见冲突之处，也要加以保留，有机会慢慢再谈；更忌讳的是使用暴躁、粗鲁、口出恶言，那就更会得到相反的效果了。

在登门拜访时，我们应运用各种方法拉近与对方的感情距离。为了拉近双方的心理距离，可以与对方攀亲拉故，但要注意分寸。在一定场合和情景下，适当的攀亲拉故可使陌生变得熟悉，疏远变得亲近，冷淡变得亲热，拒绝变成接纳，阻挠变成支持。善于攀亲拉故的人，容易与人产生共鸣，找到共同语言，也更容易得到帮助，与互话家常一样能缩短交流双方的心理距离。同时，拜访对方时要懂得如何寒暄。寒暄是人们之间尤其是陌生人见面的必要中介，能消除拜访双方的隔阂。

拜访对方可以在对方住处谈话，这就比在公共场所更容易形成融洽的气氛，使双方都在一种无拘无束的环境里畅所欲言，并且比较容易接触到彼此的生活，给友谊的发展奠定了基础。由于到对方住处去拜访时所处环境较为亲切、有人情味，双方的关系会很快地密切起来。但也应注意不能亲切失度、过分随意，对于对方的私生活、经济状况等个人隐私方面的问题，则不应随便提及。

## 第三节　人际传播中的家庭关系

我们关于传播的大部分知识来自我们的成长环境，家庭是我们学习如何创造、保持和结束关系的首要场所——如何表达自己、如何表示愤怒、如何表达喜爱、如何选择会话方式等。无论何种家庭都是我们的原生家庭，我们在那里学习人际传播的技能和规则，以及关系的基本评估方式。

### 一、家庭的定义

家庭是人类存在的基本单位。从这个意义上讲，家庭是社会最基础的组织形式。传统家庭定义看重的是同住在一个屋檐下丈夫、妻子、子女的角色，而现代定义则更看重作用，更看重人与人之间的关系以及个人责任。

我们可从结构、功能、互动三大原则出发，来定义家庭。在结构定义上，我们可以通过对家庭形式的思考来判断某一社会群体是否为家庭。这一界定强调人，在家庭中的人数、合法关系和共享居住空间而并非都是通过婚姻或血缘凝聚在一起。

在功能上界定，即认为有婚姻关系的人所执行和预期的工作。它的作用是：成员与家庭的组建（如提供某种归属感），经济支持（如提供饮食与居所），抚养、教育与社会化（社会价值观灌输），对脆弱成员的保护（如对老人、弱者、幼者、病者）等。根据这一准则，凡符合上述家庭功能的人所构成的团体均可界定为家庭，并不需要有关血缘或法律缔结等方面的规定。

以互动界定，即按传播过程中组成家庭的模式界定。它是由两个或两个以上的人组成的社会群体，具有相互依靠和具有长期承诺的特点，而这种承诺则源于血缘或法律。这个概念在美国传播学界被广泛接受，并将其视为传播学研究的重要基础之一。该定义不那么强调结构、功能，而是注重彼此之间的依赖、承诺和喜爱。

综合以上观点，作者将家庭视为两个或者两个以上的个体通过生物、法律或者相似纽带联结而成的长期团体，这些个体通过不断地交往，并为团体内成员提供工具性与情感性支持来达到这一目的。

多数人会在生命中的某个时间节点选择结婚和生孩子，多数人会拥有配偶、父母、孩子、兄弟姐妹等家庭成员，这是家庭中最为常见也是最为重要的感情，它左右着我们自我概念的形成与自我价值的实现。

人与人之间最原始的亲密关系，就是与亲人之间的感情。随着社会的不断变迁，家庭中的亲情逐渐淡化，而亲子之间的情感纽带却越来越重要，这就是亲密性。亲密性体现在凝聚力方面，家庭总是需要耗费大量的时间与精力来培养和维持凝聚力，亲密性同时也体现在适应性方面，家庭应对角色关系、权力结构以及决策规则等方面的变化做出反应，而这种变化会让家庭变得更加团结或者更加疏远。

## 二、家庭中的主要交流类型

家庭中的人际关系与交流方式密切相关，一般认为，家庭中主要关系即夫妻或同居伴侣。他们之间的地位和决策程度决定了家庭中的主要交流方式。美国传播学者德维托则认为，交流方式决定了家庭中的人际关系，他称之为"决定关系的交流方式"。借鉴德维托的划分方法，可以把夫妻或伴侣之间的关系分为平等型、平衡分担型、不平衡分担型和垄断型四个基本类型，相应地，不同类型的关系，其家庭中的主要交流方式也不同，而主要交流方式则决定了不同家庭内部人际传播的不同特点。

### （一）平等型

平等型夫妻关系是现代婚姻的理想模型，平等型交流方式也是许多夫妻追求的家庭人际传播目标。顾名思义，平等型关系指夫妻双方在地位、角色、决策权等方面都是平等的，而且以公正、公平为关系原则，双方共同决定家庭中的一切事务。在平等型交流方式中，双方平等地分享对方的观点、意见、信念、情感和隐私等，双方在交流中自我透露的程度基本相同。在平等型关系中，双方也会经常发生冲突，但是冲突只限于交流的内容而不是为了掌控关系，即"谁说了算"而斗争，这种冲突只是为了交换思想、意见和价值观，所以很少会威胁到对方或者双方的亲密关系。与其他类型的交流方式相比，平等型交流最具公开、诚实、直接和自由的特点。

在平等型关系的家庭中，父母与孩子之间的交流也比在其他关系的家庭中更加平等、民主和自由。由于平等型关系以公平、公正为原则，所以双方在关系中的情感、信息、利益等的付出和回报要大致相当。当关系中的每个人的付出和回报相当，即关系公平时，家庭中的每一个成员都会得到最大的满足。反之，不公平则会引起至少一方不满意，这就会导致不满意者想办法从夫妻关系之外寻求更多的满足，特别是情感上的满足，包括爱、体贴和支持等。

### （二）平衡分担型

平衡分担型的夫妻关系同样具有平等性，只是当事人在不同方面享有不同权利和掌管不同事务。比如，传统核心家庭按性别分工是"男主外，女主内"的，男性以赚钱养家为主，而女性则是以照料家庭为主。近些年出现的"新好男人"与"家庭妇男"，不过是对传统分工的一种倒置，成为一种"女主外、男主内"的家庭模式，女性挑起赚钱养家的重任，而男性主要承担起照料家人的责任。平衡分担型关系下，夫妻间的沟通也更加平等、自由，对彼此责任范围内的事情干预得更少。"家庭妇男"与"男主女从"两种类型的夫妻都存在着这样或那样的矛盾，但是他们之间并没有明确的界限。夫妻之间存在一种共同生活、相互帮助的伙伴关系。这类感情上的家庭冲突通常不具威胁性，由于双方都有自己擅长的地方，所以多数冲突的胜负仍由是谁掌管的事务来决定。

## （三）不平衡分担型

夫妻双方在不平衡分担型关系里，作为主导者的一方对多数沟通拥有决定权，并经常下达指示要求对方完成哪些工作，这多少控制了双方关系，而作为被控制者的另一方在遇到不能解决的事情时则会向对方提出问题，由主导者一方做出决策。由于一方对另一方的爱慕而选择结婚，这种婚姻在家庭内普遍存在着一种失衡的分担型关系。夫妻间才华能力、经济收入、社会地位和长相的吸引力存在着巨大落差，这也是出现不平衡分担型关系的主要原因。这类夫妻不会经常吵架、闹矛盾，但是这种低冲突率并不是一件好事，反而是消极逃避矛盾，这是因为双方几乎不会平等沟通彼此的想法、观点，多数时候只由占支配地位的一方来发表观点，而被支配的一方发表观点的机会较少，甚至发表的观点不易被对方注意。在沟通中出现冲突时，被控制方通常是屈服、忍让或者放弃决定权。

## （四）垄断型

垄断型关系比不平衡分担型还要更加不平等。处于垄断型关系中的夫妻，其中一个人是家中的权威，总是下命令和训斥对方，对家中所有的事都有最终决定权；而另一个则只能听从对方的决定，做事需要寻求对方的许可。主导的一方很少询问对方的意见，而受控制的一方则只能听从对方的观点，所以双方几乎不会真正地进行交流。这种关系中的双方一般不会产生冲突，除非主导者的权威受到挑战，才会引起异常激烈的冲突。这一类型的夫妻几乎不会争吵，因为双方都清楚谁是老板，以及谁会赢得最后的胜利。一旦权威方被挑战，激烈的争吵和冲突就会爆发。冲突如此激烈的原因之一是双方都未经历过这种状况，他们不知道怎样争吵能够达成共识，因此，他们争吵的策略通常是中伤对方。

## 三、家庭中人际传播的基本特征

尽管家庭有许多类型，不同家庭中的交流方式也不尽相同，但是家庭中的人际传播仍然存在一些普遍规律，我们可以据此辨别出一些家庭共同的基本特征。

### （一）极高的自我透露程度

自我透露，又称"自我暴露"，是指将私人信息透露给别人。所谓"自我暴露"

就是:"我"与别人交心并将属于"我"的个人信息转达给别人,这些信息包括亲密情感的表达、私人愿望、个人经历、思想观念以及人生观察和生活目标。"自我透露"在人际传播中起着至关重要的作用。"自我透露"能增进人际交往,通过"自我透露",人们能够了解别人对自身的评价和看法,从而改善与他人的关系。

自我透露也与个人安全息息相关,将自己的信息公之于众,很可能会危害传播者本人的尊严与安全,而过于坦白自己的个人信息亦会减少他人的信任度并对亲密关系造成不利影响,透露自己的价值观或态度亦会对工作及职业发展造成危险,因此,自我透露始终须谨慎行事。

通常,人们自我透露程度主要由人际关系的分量决定。人们愈处于亲密关系之中,其心理愈松弛,自我透露愈多,处于非亲密关系之中或亲密度降低时,则自我透露显著降低。通常在家庭关系中,人们的自我透露程度最高。家庭传播最自由、最灵活,能最大限度地体现人的主观能动性,使人际间的沟通更加容易进行。家庭传播是通过家庭成员之间相互传递的信息来影响人们对事物或事件的态度和看法的。人们常说家是一个港湾,人们在家时处在最轻松的境地,心情的流露非常随意,既没有处在朋友圈时注重顾及彼此感受,又没有在职场上的顾忌和束缚,而家庭传播又极少讲究礼节,因此,人们在家时自我透露是最随便、最游刃有余的。人们不必隐藏自己对家庭的感受,能够卸下面具任意展示自我,因此人们对家庭传播的性格与感受最为集中与自然。另外,家庭空间具有私密性的特点,家庭成员在日常沟通中的私密性非常高,私人性的信息非常多,大多数私人问题我们都要与家人沟通,并不方便向朋友或者同事透露。

### (二)个性化的交流方式

每个家庭都有一套个性化的交流方式,家庭成员在长期的共同生活和互动中会创造出一些独特的语言,如昵称、词语、语气等,还有一些只有家庭成员才能理解的表达特殊含义的姿势等。家庭成员之间在表达爱意和支持时,可以使用一些最为亲密的方式,如长时间的眼神接触等。外人若使用这些交流方式会显得不合适、不礼貌,甚至有侵犯隐私的嫌疑。家庭中也会经常分享一些对家庭成员才有意义的信息和无需让外人知道的家庭秘密。家庭成员之间很少讲究礼仪,"请""谢谢"之类的礼貌用语在家庭情境中使用的频率远远低于其他情境,因为越是在亲密的关系中,人们越不注意礼节。

### （三）矛盾张力体验最明显

在人际传播中充满着冲突，而这些冲突所造成的紧张是可以体会到的。人际关系本身就是由多种因素构成的复杂系统，而各种不同因素之间又相互联系、相互影响。传播学辩证理论认为，人与人之间具有某种对立紧张关系。一个交流者有和别人产生联系的愿望，甚至会希望和亲密的朋友不分你我，但是也存在彼此疏远、无法相融的趋向，夫妻关系在这一张力上的体现尤为突出，夫妻关系的矛盾张力较其他关系更突出。

### （四）相互接触多、冲突多

家庭成员共同在一起生活，亲人间互相联系的可能性要大于朋友、同事及其他人际关系，甚至受到工作等因素影响迫不得已（非感情破裂）临时分开的夫妇，彼此的沟通与联系都超过了其他感情间的沟通。接触越多，矛盾和摩擦产生的可能性越高。许多人有过这种经历，关系最好的人最易发生冲突，亲人间的矛盾也远远超过普通朋友、同事间的矛盾。大多数时候，人们对与自己无关或心理距离远的人，产生的矛盾纠纷相对较少。

在传播学视野中，人际冲突表现为人际间的交往，冲突通常意味着矛盾双方相互倚重，也就是说一方所做的事情将对另一方产生不可忽视的影响。相互依赖的程度越高，矛盾问题越多，矛盾影响也越严重。正是由于在家庭情境下人们心理距离更近，人们相互依赖程度更高，所以矛盾冲突也就更多。这类矛盾本身就是亲密关系的体现，而亲密关系中的矛盾正好说明了两方都在乎彼此、时刻想着彼此，并且两方依然关注现在的关系。所以说，有了冲突才有可能产生沟通、传播，有了传播才有信息传递，有了传播才能有效地进行思想和情感上的联系。没有矛盾就意味着没有沟通和传播，彼此根本不在乎和无所谓，关系也就不密切了。

此外，人们一般对家人的要求都比较苛刻，这也是引起冲突的重要原因。越是亲近的人，对家人要求越苛刻，一般人对家人的要求都比对朋友和同事的要求更加苛刻，而夫妻之间的要求尤其苛刻。正因为要求多而宽容少，家庭中吵吵闹闹是无法避免的。

### （五）强烈的建立个人规则的愿望

越是在亲密关系中，人们越想通过建立自己的规则来掌控关系。在家庭情境中，人们想建立个人规则的愿望最为强烈，每个人都想按照自己的意志建立家庭内部规则，并要求其他家庭成员遵守。比如，有些夫妻之间经常为谁说了算而争吵，或者总是希望对方服从自己，这就是双方都想在家庭中建立自己的个人规则的表现。又比如有些父母，在子女成年以后还事无巨细地过问和干预，发现子女没有按照自己的意志行动就横加指责，这就是想要子女一直按照父母的规则生活的表现。父母以为这是爱，殊不知强行要求子女遵照父母的规则严重地妨碍了子女的独立性，他们也没有把子女当成完整独立的人来尊重，这恰恰是家庭关系不平等的表现。

**四、家庭规则**

每一个家庭都会有一整套用以调节家庭关系及家庭成员行为的法规——家庭规则（通常称为"家规"）。家庭规则是指家庭成员共同遵守的行为规范、道德风尚以及相应的制度与程序。家庭规则一般分为正式制订和非正式制订两类。"家规"中既有明确说出的规矩，比如"谁煮饭、谁洗碗""谁上班早、谁接送小孩""送给双方家长的钱数应基本持平"等，又有很多未明说的话，这都显示出家庭在行为方式上具有一定默契。家庭里行为的边界永远都在，这是因为维持家庭需要某种规定。家庭规则对家庭里什么是可为的或者是应为的，什么是不可为的或者是不应为的作出具体规定。所谓"家规"，通常指共同生活时无意中产生的、商定的或通过互相协商而成。不像个人所制定的家规，家规须被全体家庭成员所接受并承认才可确立，因此，多数家的家规并非由个人单方面制定。

家庭规则受文化影响，属于特定时代、特定地域的社会文化。比如，我国文化以"子女不可以直呼其名"为通行条款，西方文化通常不存在这种家规，再比如，在现代文明社会里以"家长不可以打骂子女"为通用条款，而我国古代家长打骂子女被认为是天经地义。这就说明了一个问题：家庭中的家规并不是一成不变的。即使是同一时期、相同地区，不同国家的家规也会因社会制度的差异而呈现出千差万别的特征。每一个家的规矩都是独一无二的，而一些家规是外人眼中的怪现象，比如，一些家规存在"吃东西不可以说话"或"在家不可以大声说话"等条款。家规也未必合理，某些家规是由家庭强势一方做出的硬性规定，这对于另一方来说常常是既不公平又无道理的。

"家规"既是家庭关系原则,也是家庭中的传播规则。家庭成员的行为举止受到家规制约,家庭中的交流和传播也在家规的规范之下进行。传播学的关系规则理论指出,家庭规则涉及三个主要的人际沟通问题:第一个是"可以谈论什么",如每个家庭对于其成员能否谈论家庭财务或其他家庭成员的生活方式的规定并不一样;第二个是"可以如何谈论",即规定了家庭成员之间交流的方式,如大部分家庭都规定要以秘密和安静的语气讨论家庭财务,有些家庭允许亲人之间互相拿对方的短处开玩笑,而有些家庭不允许;第三个是"可以和谁谈论",如能否和远亲公开谈论家族历史,或者能否和邻居或朋友谈论家人的健康问题。规则总有限制的意味,家庭规则也不例外,如果家规不合理,或者过于严厉和细琐,就会对人限制过度,久而久之使人感觉家像"牢笼",婚姻像"围城"。家庭规则如果不稳定,不合理的话经常会受到家庭成员的冲击;即使是合理的规则,也可能会随着家庭的变化和发展而变得不合时宜,家庭成员自然会要求改变或废除某些过时的家规。此外,人都有要求变化的欲望,这种欲望永远都会和规则限制产生矛盾,人要求变化的欲望与家规冲突,会引起很多波折。一些家庭规则几经冲突和波折之后会消失,新的规则又会被制定出来,所以家规只能处于动态平衡之中而不能成为刻板的规定。针对这种情况,家庭沟通理论家认为应该让家庭规则具备一定的灵活性。

### 五、破坏家庭关系的传播行为

在各种人际关系当中,家庭关系特别是夫妻关系最为密切,正是因为这种密切才导致许多冲突与碰撞的发生。在家庭情境下的传播行为,如果没有得到重视,则有可能损害亲密关系,导致家庭关系产生危机;与之相反的是在适当传播行为的帮助下,家庭关系得以保持良好的状态。因此,了解和掌握家庭情境中的人际传播行为,有助于我们更好地理解家庭关系中所存在的问题。易造成关系危机的传播行为,主要有随意发泄和不明智地对待冲突、单纯以社会角色看待对方、打破家庭规则的传播等。

#### (一)随意发泄和不理智地对待冲突

因为家庭中人的个性与情感表达最随意,所以人们常常会在家庭中随意地释放自己的种种情感，尤其是会宣泄出在家庭之外不能表达的不良情绪。这些情绪在家庭成员之间传递着，有时甚至是非常强烈的。这些情绪一旦被宣泄出来，很可能会导致一些严重的后果。人活在社会上，总要承受各种生活、工作压力，这就会使人们不可避免地出现情绪失控的情况。若以家庭为随意宣泄之地，则易破坏家庭成员之间的亲密关系。当某成员的情绪失控导致关系冲突的时候，家庭中的另一成员若不能够理性地处理，则可能火上浇油，让感情雪上加霜。比如，失去控制的一方找碴儿争吵、指责，对方随之愤怒争吵；或一方据理力争，而对方却不愿妥协，这是一种不合适的沟通方式，不仅对问题的解决没有帮助，反而会让感情产生裂痕。

### （二）单纯以社会角色看待对方

社会文化给每个人都规定了不同的家庭角色，不同的角色之间有不同的责任和权力分配，特别是男女社会性别差异对家庭关系产生了很多的影响。男女在家庭中的分工，传统上是男主外、女主内，而随着时代的发展，夫妻之间谁应该干家务都可能成为争吵的焦点。生活在特定社会文化中的人，总是对男女有许多不同的角色期待，这种期待不可避免地会影响到家庭关系。如果单纯以性别的标准看待对方，或者以社会角色关系定义对方，那么夫妻之间会在家庭生活的许多方面发生冲突。实际上，社会角色只是一种外在因素，是社会文化对人的一种规定，而人的丰富性远远超出了社会角色的规定，现实中的人也远比社会角色造成的认识定式要复杂得多，单纯以社会角色来看人的态度会使人不能把对方当成一个丰富完整的人来对待。反过来分析，如果能把对方看作家庭的成员，当成一个与自己一样有独特个性、有思想、生活在复杂现实中的人，就会多一些宽容和理解。

### （三）破坏家庭规则的传播

"家规"一旦被打破，家庭成员间的感情也随之受损。"家规"往往成了家庭内部尤其是夫妻间产生误会与纠纷的导火索。主要理由是：一是尽管规则为每一位家庭成员所接受，但大家在具体认识上并不相同，会造成有些特定行为一人认为没有犯规而另一人认为犯规的局面。比如，"在家不能高声讲话"这一条款，说话声音多大才算"大声"是不明确的，容易发生一方认为讲话声音不大，而另一方认为声音大，从而针对一方到底是否违反家规发生纠纷。二是家庭成员之间的观念的转变未必同步，若一方观念发生转变并认为有些规定陈旧应加以转变，而另一方仍拘泥于原有规定，则可能造成矛盾。三是"家规"本身也存在一定的缺陷，比如有些内容过于原则化、缺乏可操作性等，这也会引发冲突甚至纠纷。除此之外，因为"家规"旨在调节家庭关系、维护家庭稳定，所以破坏家规之举会向家庭成员传达破坏家庭关系或是要求改变关系的信息，因而家庭成员就会产生强烈消极的情感反应。事实上，在遭遇破坏家规行为时应主动进行沟通和协商，将规则弄清楚，使行为边界清晰，并适时对某些家规进行修改，使规则随人们的成长而改变，从而避免条条框框对家庭亲密关系的束缚。否则，死守规定、家庭成员之间缺乏沟通，会导致家庭关系亲密度和家庭内幸福感下降。

### 六、支持家庭关系的传播行为

家庭中的一些传播行为有助于保持家庭和睦和发展健康的家庭关系，可以帮助家庭建立一个"支援系统"，能够及时有效地改善家庭成员之间的关系。这些支持家庭关系的传播行为主要包括：表达爱意、赞扬对方、积极应对冲突、为彼此设置界限和勿把控制当作爱。

#### （一）表达爱意

爱是家庭关系健康的重要标志，家庭关系的亲密性主要在于人在家庭中能得到多少爱。爱是家庭成员连结的纽带，两个人能够走到一起生活的重要原因是爱，而家庭成员之间的亲密关系也来自爱。爱需要表达，家庭幸福来自爱的交流。爱意的表达不是一蹴而就的，而是需要经常表达，爱的表达一旦停止，亲密的关系就会产生裂隙甚至变得冷漠，许多人婚后幸福感不如婚前，主要原因就在于婚后不注意经常表达爱意。人都需要不断得到爱，都渴望经常听到爱意的表达，因此，经常表达爱意才能保持家庭关系的亲密性，并给家庭成员带来幸福感。爱意的表达既有词语传播也有非词语传播。词语传播主要是谈话，谈话对于关系的亲密度至关重要。夫妻之间、父母与孩子之间，敞开心扉的谈话都可以帮助彼此相互理解、表达自己的想法、发现对方的需要。生活中常见的现象是，夫妻之间一起回忆过去的美好时光或分享对生活的计划，这都能增加家庭生活的甜蜜感；父母带着爱意和尊重与孩子谈话，让孩子畅所欲言，父母就能了解孩子的想法，也容易以宽容的态度对待孩子的需要和孩子与自己的差异,而孩子感受到了爱,得到了尊重,也更愿意和父母交流。在亲密关系不顺、家庭成员之间出现嫌隙的时候,彼此谈心还可以对家庭关系起到重要的抚慰和庇护作用。非词语传播的爱意表达形式更多,包括面部表情、亲吻或拍肩膀等动作,一家人一起购物、访友、旅游等共同的活动,以及过生日、结婚纪念日、家庭宴会等家庭仪式等。在家庭生活中进行多种表达爱意的传播活动,能不断加强家庭关系的亲密性。

(二)赞扬对方

人们需要被称赞,而越是亲密无间的感情,人们对被称赞、被欣赏的期望就越高。由于在家庭中人际关系最为亲密,因此,人们对家庭里被称赞的期望要高于其他场合。表扬具有维护和改善人际关系等重要作用,在家庭里经常表扬对方对家庭和睦及增进亲密感具有不可替代的意义。家庭里的表扬比在其他情景下的表扬要真诚得多,家庭里的表扬通常是从心底里发出的、最自然的感情流露,能够使家庭成员获得自信与肯定。夫妻间的称赞会使彼此增加爱意,家长对子女的称赞会让子女体会亲情之爱,子女对家长的称赞会让家长觉得欣慰。因此,营造良好家庭关系不应吝惜赞美。但过分地赞美,会使人产生不安全感,从而导致人际关系紧张。

(三)积极应对冲突

家庭内人际冲突较其他情境下发生得更多,而且大多数冲突都是因为家庭成员间产生了差异引起的。世界上并不存在两个完全一样的个体,即使是一个家庭的家庭成员,或许他们拥有相同的生活习惯、价值观与兴趣,但是同时还存在性别、阅历、知识、能力上的区别,因此每个家庭成员各自的需求也不一样,他们对于善待他人的态度也存在很大的差异,在沟通互动时自然容易产生矛盾。家庭生活的很多实际问题都可能导致人际冲突的发生,主要表现为性格上的差异,比如一人喜热闹,一人厌喧闹;生活习惯上的不和谐,比如个人卫生习惯与作息习惯都不能适应对方;追求的目标难以调和,比如当事业前途与家庭责任发生冲突时,一方要坚持自己追求事业,另一方执着于为爱或者子女一定要牺牲自己的事业;亲密问题,比如两人对于在家庭中所处位置的理解,亲密感表达方式上的冲突;家庭决策上的不同,比如对于夫妻共有钱财怎么花的争论;权力上的原因,比如过度占有欲,感情上缺少平等与自由;信任度上的原因,包括无法兑现自己的诺言、恋爱与婚姻经历问题上经常撒谎等。在各种矛盾中，冲突总是不可避免地发生，大家很难避免这类矛盾，同时也应看到矛盾本身是暴露问题、督促人们及时化解并避免关系恶化的契机，若不希望矛盾破坏家庭关系则需要以建设性的态度积极处理。

首先，必须理智地对待冲突，遇事相互协商，及时沟通，了解对方的想法，才有利于解决问题；反之，生闷气、冷战、一味坚持自己的观点或意图置身事外、一走了之，都无助于解决问题。其次，必须尊重和包容差异，尊重别人有权利按照自己的方式行事，要知道家庭中的矛盾张力永远存在，不能苛求家人和自己一致。再次，学会肯定和接受他人，遇到不同意见时要用心倾听，肯定对方意见的价值，把对方放在自己前面以示尊重。此外，注意调整自己，既然爱自己的家人，就要维护家人之间的亲密关系，主动调整自己的想法和表达方式，善于妥协，避免过多的指责，接受对方的道歉并给对方一个台阶。最后，灵活掌握解决冲突的时机，在对方生病、疲劳、工作不顺心这些易怒的时刻避免冲撞，如果对方不想谈就暂时不谈或拖后再谈。

### （四）为彼此设置界限

家庭是由一个又一个的个人所构成的，所以，有的事情属于个人本身，有的事情属于别的家庭成员，还有一些事情属于关系的双方。因为家庭间的亲密感，特别是在中国文化中，将重视个体为了家庭的幸福所付出的努力视作一种美德，使得家庭成员都不愿或无法给对方设限，这样就会造成家庭成员间普遍缺乏界限感，频繁出现"你的事就是我的事，我的事就是你的事"这种情况。如果家庭成员都这样做了，那么每个人会感到很难受。"你的事就是我的事"将使每个人都白白地承担起许多本应属于个人的责任乃至苦难，而"我的事就是你的事"，则是越界地干预彼此的情感、观念、态度、行为与价值。家庭成员之间的爱是自由、负责的亲情之爱，不能是互相亏欠式。因此，我们在与家庭成员相处时，既要极力避免别人来超越自己的界限，又尽量不允许自己去超越别人的界限。

### （五）勿把控制当作爱

人与人相处最常犯的错误就是过于友善地对待陌生人，而往往对亲密者严加管束。因为亲密关系有高度排他性、独占性，彼此产生的依赖性过于强，所以关系伴侣常常错误地将控制视为爱。他们的控制与爱，永远是带着甜美的模样呈现给对方，这是感情不设边界的又一反映。替代对方的思维、感受和行为，引导他该如何感受和作出相应的行为，这种行为被称为自我监控。"你爱我吗？""我为什么爱你？""你喜欢我吗？""我会不会变心？"，这些都是自我监控的结果。"既然爱你，就不希望你这么辛苦，你别外出打工。""别打扮得这么漂亮，社会是不安全的，爱你就得考虑到你的安危"，这些类型的话常常忽视对方的社会存在，也忽视了对方的人生选择。"我讨厌你跟别的男人聊天儿，是因为我爱你"，有时也有人认为嫉妒是爱情转移性的一种体现。表示关心不成问题，值得商榷之处在于它成为一方控制关系伴侣的模式，一旦碰到任何本该属于关系伴侣的自决问题时，它就会采用控制方式。

真的爱，应该是懂得尊重，让对方做自己；真的爱，应该是滋养对方，让对方活出真实的自己，感到自由、舒适，使对方变得更美好。例如，妻子和先生商量是在家做全职太太还是外出做工的问题时，丈夫应该说："我欣赏你的工作能力，也喜欢你当贤妻良母，你自己看，怎么开心你就怎么做。"而在控制关系中，会使对方感到委屈、压抑、受打击、不快乐，感到自己的能力和事业受到否定和贬低，感到自己的生命在日渐枯萎。例如，当对方上班，则嫌对方不贤良；对方在家带孩子，怨对方不赚钱；对方打扮，则嫌对方乱花钱；对方节俭，却说对方是黄脸婆。

真的爱更在于关心伴侣的感觉而不是个体自己的感觉。真正爱对方的人，会把对方的感觉放在自己的前面，能承担这份不愉快，支持对方的决定。这也就是说，爱意味着牺牲。当然，关系是双向的，如果在长期的婚姻关系里，只有一方这么做，另一方完全自我地不顾对方感受，关系也是不能长久的。因此，关系中的投桃报李极为重要。

在一段关系中，每个人都会有对关系期待和坚持的原则。要学会在重要事情上坚持，在另一些问题上让步。那种对所有问题都实施控制的人往往缺乏安全感，不够坚强、独立和自信，这种个性往往会严重破坏关系。

# 第五章 人际传播的能力与技巧

本章为人际传播的能力与技巧，主要阐述五个方面内容，包括人际传播中的沟通礼仪、人际传播中的语言传播技巧、人际传播中的非语言传播、人际传播中的冲突管理和跨文化领域下的人际传播。

## 第一节 人际传播中的沟通礼仪

学习和掌握沟通礼仪是我们在日常生活中必备的一项技能，这项技能可以帮助我们的沟通更加流畅、有效，也能帮助我们营造良好的人际交往环境和氛围，在沟通对象心中留下良好的印象。

本节将沟通大致分为两部分，一是见面时的介绍、问候、寒暄等沟通，二是言谈时的沟通。

### 一、见面时的沟通礼仪

（一）介绍礼仪

介绍可以说是人们在社交过程中见面和最初了解对方时的必备环节。介绍是迅速拉近人们之间距离的一项有效手段，方便人们进行接下来的社交和工作。这一环节主要是在人们接触的最初几分钟内进行的，虽然时间短暂，但往往会决定一个人在对方脑海中的印象。

1. 自我介绍

自我介绍，顾名思义就是在社交场合内自己担任自我介绍的角色，以便让其他人迅速认识和了解自己。自我介绍这种方式在社交过程中是时常出现的，也是一种在必要情况下十分有效的沟通途径和手段。

一般需要自我介绍的场合都是在朋友聚会和求职面试时，或是在刚刚到达一个新环境时，因而在刚进入一个新的学习或工作阶段时，自我介绍是十分常见的。例如，在朋友聚会时，如果我们对其中一个不相识的人十分感兴趣或希望别人认识自己时，就可以通过自我介绍的方式来让别人认识和初步了解自己；同样，在步入职场面试的过程中，自我介绍可以说是一项必不可少的环节了，既可以帮助面试官快速地了解自己，也可以使求职者充分展现自我能力和水平；另外，在刚刚进入一个自己不熟悉的工作环境时，自我介绍也可以帮助自己更好、更迅速地融入新集体。

自我介绍不能千篇一律，应当根据不同的场景、对象和实际情况及时进行调整。例如，如果仅仅是应酬时的介绍，那么介绍一下姓名就足够了；如果是工作时的自我介绍，除了介绍姓名之外，还要介绍自己的工作单位和所从事的工作；在社交场合中，自我介绍中还可以加入自己的兴趣、爱好等内容，或者自己的一些经历和与相熟人的关系也可以作为一项内容加入进去，以便于更快拉近双方的关系。

接下来分享的是进行自我介绍时的一些注意事项。

首先，要举止大方，稳重端庄。手脚无措、慌慌张张等这类行为和状态是不可取的。

其次，在做自我介绍时的面部表情也十分重要，眼睛要注视着被介绍的一方，要充满自信，如果面红耳赤只会显得十分紧张、不自然，但摆出一副很随便的样子当然也是不行的。另外，语言阐述要简洁，不可废话连篇，要具有逻辑性。自我介绍时的态度也十分重要，要实事求是，但也不可过分谦虚，这样会给人留下很不好的印象。

最后，在表现自己时要注意自己的语调和语速，吐字要清晰流畅，态度要从容不迫，这样才能给对方留下好的印象。

2. 为他人做介绍

为他人做介绍，就是第三者为不认识的双方介绍的一种方式，也可以称之为第三者介绍。在为他人做介绍的过程中，为他人介绍的人称为介绍者，被介绍的人称为被介绍者。

一般的介绍者都是社交活动的发起人、东道主，也可以是家庭中的长辈或主人，或是熟悉被介绍双方的第三者和活动中的公职人员。在为他人做介绍时很重要的一点，就是要关注双方是否有结交的愿望，在双方都有意愿和期望结交时义不容辞地做好介绍的相关工作，但如果双方没有相关意愿时，切不可鲁莽行动，这会使三方都处于非常尴尬的境地。

同时，在为他人做介绍时，介绍的先后顺序也是非常重要的礼仪。一般而言，位高权重的人享有认识别人的优先权。因此，介绍的顺序一般是将身份低的年轻人介绍给身份较高、年龄较大的人；或是把男士先介绍给女士，将下级介绍给上级；在介绍主人和客人时，应当先介绍主人，后介绍客人；在介绍已婚者和未婚者时，一般把未婚者介绍给已婚者，除非未婚者的年龄明显大于已婚者。在介绍双方人员时，大多是根据其职务和身份的高低由高到低进行介绍的，而处于同年龄或性别的对象则可按照以平等的地位进行相互介绍。

同时，介绍的手势也很重要，要将右手平举礼貌地介绍别人，切忌指手画脚，这是一种非常不礼貌的行为。除此之外，即使是彼此非常熟悉的朋友或亲人在介绍他人时，也不可用手拍打介绍者的肩或背。在介绍时还要注意使用敬语，如"张小姐，请允许我来向您介绍一下，这位是……"或"杨先生，我来介绍一下，这位是……"也是可行的。

### （二）称呼问候礼仪

#### 1. 称呼礼仪

在进行社交和人际传播时，首先遇到的问题就是如何称呼对方。在交往过程中，热情、亲切的称呼可以使人感受到春风拂面的感觉，既能够表现对于他人的尊重，也可以展现自己在社交方面的礼仪。如果在交往过程中，使用了不合适或不恰当的称呼，就会引起别人的反感和不适，对于日后生活和工作的进行都是不利的。

长期以来，我国对于他人的普遍称呼是"同志"。"同志"从字面意思上看具有志同道合的含义，后来又时兴起"师傅"的称谓。从现阶段国内和国际的情况来看，以下的一些称呼在日常的生活和工作中比较常见：

一是泛尊称："先生""太太""女士"等都十分常见，这些称呼在古代也有出现，但当时所表现的意义和现代完全不同。现代所流行的这些称呼与一些欧美国家的语言是相对应的，这些称呼的适用场合也十分多样，但对于女士的称呼要十分注意，要根据其结婚与否进行称呼，显然，对于未婚的女士称呼"太太"就是十分不合理的。

二是对于职务和职业的称谓：有"经理""医生""记者""老师"等。这些称呼都是在平常的公务活动或生活中出现的，是基于工作性质的称谓。

三是职称称呼："教授""工程师"等。这是一种荣誉性称呼，是对对方拥有的在社会上备受重视的学位、学术性头衔、专业技术性头衔的称呼。

四是国际上的礼节性称呼，在国际上，对地位高的官方人士，一般称呼"阁下"或职衔加"阁下"，如"部长阁下""总理阁下"等。在有些国家如美国、墨西哥等无此习惯，可称"先生""夫人"等。

五是日常称呼。在我国民间，有模仿亲属关系称呼的习惯，如小孩称呼比自己父亲年龄大的男人为"伯伯"，称呼比父亲年龄小的男人为"叔叔"。在同事、朋友或邻居之间，"小王""老李"等称呼也很普遍。

总之，在人际传播中，特别是在社交性的人际传播中，人们对自己的称呼是非常敏感的。在称呼他人时，要时刻注意称呼的礼仪，多使用尊称，避免一些不恰当的称呼；同时，不要随便给别人取绰号或在公共场合叫别人的绰号。得体的称呼是交流的良好开端，称呼得当，能使双方产生心理上的相融，双方的沟通自然也会更加畅通。

2. 问候礼仪

问候礼仪常常出现在熟人之间，也就是人们常说的寒暄和打招呼。在中国，即使双方在见面前并没有过多的交流，再次见面时也不可毫无表示，漫不经心只会给人留下非常不礼貌的印象。懂得社交礼仪的人遇到认识的朋友或工作伙伴时会热情地打招呼，或者会微微一笑表现自己的社交礼仪，这不仅显示出了一个人的素养，也为日后双方的关系发展奠定了良好的基础。

在平常，遇到熟识的人要主动打招呼，这是基本礼仪，如果漠视他们，或故意视而不见，只会给对方留下非常不懂礼貌的印象，对于后期双方关系的发展是非常不利的。但这种热情不可过分，如果在路上影响到了行人的活动也是非常不礼貌的。在见面时最简单的问候就是"你好"，或者可以根据时间或节日来问候，如"早上好""晚上好""新年好"等。如果是熟识的人或非常要好的朋友，打招呼时称呼"小张"或"老王"也是可以的。

如果在街上见到好久未见的朋友，不能大呼小叫，也不能隔着马路或人群就大声喊叫。如果边喊叫边穿越马路也是非常不安全的一种行为，很可能会发生交通事故，如果在寒暄过后还有交谈的欲望，那么应该靠近路边，避开人群，不可在人群之间穿梭。

如果遇到不熟识的异性，可能很多人会觉得不自在或尴尬，但不打招呼也不是一种礼貌的行为，打招呼又怕会产生误会，这时正确的做法为：当一位女士遇到不熟悉的男士，可以点头打招呼，显得过于热情或以冷冰冰的态度来面对是不可取的；一位男士如果在路上遇见不熟的女士，可以简单地打招呼，表情不可过于殷勤或冷漠。

不同的国家在问候的礼仪方面也有着很大的差异。例如，中国人在见面时习惯问"吃了吗？"；西方人尤其是英国人在见面时常常讨论天气情况，这也是一种问候的方式。在不同国家生活或与外国人交往时要注重双方的文化差异，做到入乡随俗也是对双方的一种尊重。

## 二、言谈时的沟通礼仪

言谈也是人际传播的一种重要手段，要想使人际传播达到最理想的效果，仅仅言辞达意是不够的，还要以礼待人，也就是要以言谈的礼仪来吸引他人。古有俗话："良言一句三冬暖，恶语伤人六月寒。"从这里可以看出，语言的恰当使用是会产生不同效果的。古人认为，"凡出言，信为先。诈与妄，奚可焉""奸巧语，秽污词。市井气，切戒之。"[1] 总而言之，要想让自己的社会交往更加顺畅，注重社交和言谈礼仪是必备的一项技能。

**（一）做到充分聆听**

不仅在国内，在国外也有这样一句俗语："用十秒钟的时间讲，用十分钟的时间听。"其中的"听"指的就是从交谈对象中获得信息，以此来了解说话者的意图。"听"在交谈过程中是十分重要的，如果无法领会交谈者的意图，对于双方交谈和关系的建立也是非常不利的，和谐的交往是需要双方共同来维护的。聆听对于交谈的双方来说是一种必备的社交礼仪，只有充分地聆听，并给出适时的回应，

---

[1] 冯国超译注. 弟子规[M]. 北京：商务印书馆，2015.

才有可能激起双方的交谈欲望。因此，我们不仅要注重听的功能，还要讲究听的方式和艺术。

在言谈过程中的聆听不仅仅是"听到"，还要做出积极的回应，以此来表明自己的诚意，如点头和微笑都可以是一种回复和回应。与此同时，给予对方适时的赞扬，这也是一种激励，它可以使交谈的过程变得更加轻松。在言谈对象讲话时注意不可轻易打断或是插话，这也是在交往礼仪中需要注意的问题，但也不可一言不发，这种行为会打击对方的积极性，在对方讲话的过程中需要选择合适的时机给予回应。

### （二）保持言语有度

在人际传播的过程中要注意讲话的度，这种"度"体现在言谈中就是要"适时、适量和适当"。

#### 1. 适时

讲话中"适时"所讲究的就是在恰当的时机给予言谈者恰当的回应，同时也要注意言谈的场合。

第一，言谈者可以根据具体场合来选择交谈话题。在交谈的过程中，可以随时注意聆听者的反应。通过观察对方的表情、体态以及对话题的关注程度，或者也可以随时征求对方的意见，保证所交谈的话题都是双方感兴趣的。如果在交谈过程中发现聆听者对于正在交谈的话题并不感兴趣，那么就应该及时采取措施，转移话题或停止交谈。

第二，在谈话的过程中要注意自己的语速，要有停顿，以便在合适的地方给予对方交谈的机会。如果在交谈的过程中，仅仅是一个人在滔滔不绝地讲话，那么对于对方而言也是十分不尊重的一种行为。每个人都期望被尊重，每个人也都有表达的欲望。

第三，要注意交谈的场合，避免在不恰当的场合发表不适当的言论。如果在一个十分重要的正式场合上，下级切记不可打断上级的讲话，也不可以一直追问同一个问题，或者占用过多时间。在别人讲话时，也不可以和周边的人交头接耳，这对于谈话者来说是十分不礼貌的行为。除此之外，除了彼此的爱人或恋人，在公共场合进行谈话时要注重彼此的社交距离。同时，又要避免不该讲话时讲话、该讲话时不讲话的现象。

## 2. 适量

在谈话的过程中要适量，所指的就是要注重讲话的内容和讲话的篇幅长短。

首先，如果在交谈过程中，一方总是自以为是、滔滔不绝地讲话，并没有注意到对方对此的态度，完全忽视别人的感受，这是在日常的交谈过程中是十分不礼貌的。因为交谈是一个双方互动的过程，交谈双方都要把握好说话的度，始终遵循"适量"的讲话原则，为对方留出一些交谈和发表意见的空间，这样也会赢得对方的尊重和好感。

其次，当一个人发言时，如在会场或演讲场合，要避免花很长的时间谈一个问题的背景。时间宽裕可以多讲一些，时间不够就要删繁就简、突出重点。同时还要避免在谈话中东拉西扯，让人不知所云。

最后，适量的原则还要求人们在人际传播中要尊重对方的风俗习惯、政治信仰等，不可刨根问底，更要避免谈及某些敏感的话题，尊重对方的隐私。例如，家庭、婚姻、女性的年龄和体重、工资收入、家庭财产、职务头衔等都是要避免的话题。

## 3. 适当

在交谈的过程中，要注重语言的适当，意思就是讲话的内容和主题要恰当，话题也是要适合当时的情境和场合。要做到谈话恰当，就要根据说话的场合、自身的身份以及对方的身份、性格、习惯、文化等来选择合适的话题和说话方式。唯有根据自己的身份以及对象、场合适当考虑措辞，懂得哪些话该说、哪些话不该说、哪些话应该怎么说，才能实现更好的交谈目的。在人际传播中，懂得怎样才能正确并且恰当地传播自己的思想，那就是掌握了言谈礼仪的真谛。

## （三）使用礼仪用语

人际传播实际上就是一种感情的互通，尤其在现代社会中，"以人为本"的理念在各个领域中都是始终要遵循的一个原则，人格和情感是现代社会人们交往的先决条件，礼貌的交际用语也能够体现出对交谈者的尊重。例如，"你好""您""请""谢谢""对不起"这些词语说起来可能十分简单，但在实际的应用场合中常常被忽略，其中所包含的社会意义和经验是十分丰富的。因此，在实际的人际传播过程中，交谈的双方一定要经常使用这些用语。

### （四）遵守电话礼仪

人际传播除了面对面的沟通外，还有间接沟通。间接沟通最重要的一种形式就是电话沟通。在电话沟通过程中，由于传播的双方不直接谋面，言谈艺术也就更加讲究。电话礼仪的规范主要有以下几点：

1. 选择好通话时间

在打电话时，通话时间非常重要，在通话之前应该考虑对方是否可以接听电话，是否在休息，以免影响对方的休息和工作。

除非出现特殊和紧急情况，早8时以前，晚10时以后，中午12时至下午14时之间不应打电话。国际长途还要弄清时差，避免在别人睡眠或休息时打扰对方。

2. 选择礼仪用语

由于电话沟通无法与人直接面对面交流，因此礼仪用语就显得格外重要。一般来说，接通电话先要问好，然后通报自己的身份和姓名，让对方心中有数，以便更好地进入正题。如果存在多人共用一部电话的情况，当来电找其他人时，应告知对方稍等，随即转给他人。在通话过程中，若临时有事，要向对方说明情况，并请求谅解。在通话中，应不时回应对方的谈话。通话结束时，要根据情况由一方向另一方道谢，并等对方挂机。

3. 遵守手机使用礼仪

手机的发明虽然为人们之间的交往和通讯提供了便利，但手机如果使用不恰当也会为生活带来十分不利的影响。例如，在比较安静的公共场合时，手机应当调整为静音或震动模式，尤其是在开会和会谈等十分重要的场合，非必要不要接打手机，如果是十分紧急或必要的情况，也要注意到周围人的心情，到户外或角落处使用。

如果周围有人在收听广播或看电视，也要注意应当将手机远离这些设备，以免影响他们观看或收听的效果。如果在用餐时需要接打电话，要注意一定要到户外或餐厅的一角进行，在起身之前，也要对一起进餐的伙伴表达歉意。

## 第二节　人际传播中的语言传播技巧

听、说、问、答是人际传播中语言传播的重要组成部分。有效的语言传播，需要人们熟悉和掌握倾听、说话、发问、回答等基本技巧。

## 一、倾听的技巧

听是人类最基本的能力之一。倾听是一个主动参与的过程，在倾听时，倾听者需要接受、理解、思考对方发出的信息，并做出必要的反馈。倾听是在人际沟通获取信息的重要途径，更是交谈成功的关键因素。如果我们想使自己与他人的交流更加顺畅和沟通成功，就必须学会倾听和善于倾听。

### （一）集中注意，积极倾听对方

在别人讲话时，作为聆听者的我们要集中注意力去倾听。在倾听过程中，最常遇到的问题就是容易受到内部或外部因素的干扰，致使我们无法集中注意力。同时，当对方讲话的内容冗长或缺乏趣味时，我们就很难集中注意力，容易胡思乱想。当我们作为倾听者却无法集中注意力时，讲话者也会接收到一种消极的信息反馈，认为我们不重视或不尊重对方，也会在一定程度上降低对方讲话或与我们交流的欲望，这对于日后的沟通或工作的进行也是十分不利的。

倾听必须要做好足够的心理准备，集中自己的注意力，保持对对方讲话内容的积极性，使大脑始终处于兴奋的状态，以开放的姿态来消除对于话题的偏见。如果我们对于交谈的对象的性格或外表具有一定的成见或不满，那么当和对方进行交谈时，就会容易产生排斥心理，无法集中自己的注意力。因此，当面对我们并不熟悉或不感兴趣的话题时，应积极摆正自己的心态，不能因此丧失兴趣，也不能因为信息十分复杂难懂就退缩。

### （二）全神贯注，主动倾听对方

人们身体态势会传递出对谈话者的态度。认真、主动、积极的态势语言代表着我们对交谈对象的兴趣、尊重和信任。

在聆听时，应保持与谈话者眼神的接触，在对方讲话时注视着对方。需要注意的是，在时间长短上应有所把控，如果没有其他身体语言的配合或者没有语言上的呼应反馈，则会使对方感到局促不安。在倾听时应当注视对方，也要伴有点头等肯定性的身体语言表达，或者通过及时的发问来持续表达我们的关注。

在倾听时，如果保持身体前倾的姿势，则代表着我们拥有极高的倾听意愿，表现出自身对话题的兴趣。在聆听时，我们有时会交叉双臂或者跷起二郎腿，也许这是自己很舒服的姿势，但这种封闭性的姿势会导致说话者的不舒服，使他们误以为我们不耐烦或者高傲。

### （三）放下杂事，避免以自我为中心

以自我为中心是我们在与他人进行有效沟通时的最大障碍。以自我为中心，不仅表现在与别人对话时滔滔不绝地讲话，不关注别人的情绪和心情，也表现在对方讲话时不停地翻找文件或做其他不相关的事情；还有一种情况是，当别人讲话时间过长时，就会坐立不安，不时地看表，这也是一种以自我为中心的表现。我们应当摒弃这种以自我为中心的心态，才能以更加开放的姿态来倾听别人的讲话，才不会漏掉别人讲话中的关键信息，同时也会为对方传递一种尊重和友爱的情绪与态度。因此，当别人讲话时，我们要放下手边的事情，切忌以自我为中心，以此来展现出对对方的尊重和重视。

### （四）积极回应，边倾听边沟通

人在讲话时最怕没有得到反馈，如果一个人讲话时，对方没有任何的回应或声音，那么就会降低自我讲话的积极性和意愿。因此，当我们作为倾听者时，不能只是关注对方所讲的内容，还应该进行积极的回应，或者抛出问题，这样才能让对方感受到尊重或是对其所讲的内容感兴趣、有在认真听对方讲话。

倾听者在倾听时要注意自己的仪态，不可过于拘谨，在恰当的时机可以充分表达自己的观点和看法。同时，如果在倾听的过程中不参加任何交流，或是仅仅以"也不错，我明白"之类的对话来回应对方，这都是对于交流活动的一种阻碍，交流的有效性也会大大降低，使我们的沟通水平始终停留在一种较低的水准。聆听者在倾听时，应该根据实际的谈话情境来表达自己的观点和想法或者是进行提问。

当我们不是很有把握地理解对方所表达的意思时，需要及时做出反应，可以简要复述对方讲话的主要观点或内容，询问"你刚才所讲是否是这个意思"，这样我们既可以确认对方的讲话内容，有助于自身理解，也能够表达出我们对交流的兴趣和认真的态度。

### （五）控制情绪，耐心倾听对方

沟通容易受到情绪的干扰。在情绪干扰下，还没有听完对方讲话就急于做出反应，常常会粗暴地打断别人讲话，粗暴打断对方说话是阻碍有效沟通的重要因素之一。因此，我们要控制自己的情绪，在回应对方前，应该让对方把话说完。对说话者缺乏耐心，随意插话、抢话，粗鲁地打断对方说话，这是对说话者的不尊重。耐心听对方完整表达自己的观点，这样会比插嘴的收获更多。

### （六）察言观色，准确理解意图

曾经有研究表明，在信息的传递过程中，只有7%是词语，38%为声音，剩下55%的信息不具有声音。无声语言与有声语言相比，在情感、态度和气质的传达和表现层面是更胜一筹的。一个人真实的心理活动是可以根据他的身体语言判断出来的。因此，为了提升沟通的有效性，我们在交谈的过程中要学会察言观色，既要关注他们所说的内容，也要关注他们的身体语言，将二者结合起来理解，这样才能准确接收到对方所传递的信息。

## 二、说话的技巧

众所周知，人际交流的主要手段就是说话。只有话说得好，才能更加巧妙地吸引观众的注意力，有效传达信息；相反，如果话说得不好，小则招怨，大则坏事。由此可见，要想在人际传播的过程中提高有声语言的运用能力，就需要掌握一些基本技能。

### （一）明确目的

在人际交流中，说话都有一定目的。有效的沟通，首先要明确目的——知道我们要说什么。如果目的不明确，我们就不知道我们到底要表达什么，自然也不能让别人明白我们到底说什么。无论是与他人寒暄、拉家常、叙友情，还是进言提意见、汇报工作、演讲报告，都有"说话"的目的，或是为了传递信息，或是为了联络感情、自我展示。当我们在说话之前，需要明确自己的目的，进行认真的准备，对说话的内容、背景、依据的事实资料要做到心中有数。

## （二）看人说话

在不同的生活和工作场景中，我们总会遇到形形色色的交往对象。面对不同的沟通对象，我们也要选择不同的表达方式，以及控制说话的分寸。因为我们不可能面对每一类人都谈论相同的事情、选择相同的讲话方式。因此，在实际的人际传播过程中，讲话方式和内容的选择是应当根据沟通对象的不同来决定的，对方的性别、年龄和教育背景等因素都会影响到沟通内容和表达方式的选择，通俗地讲就是"见什么人说什么话"。

## （三）切合情境

在人际传播的过程中，交谈者要根据实际的交谈情境来选择沟通内容，也就是"在什么地方说什么话"。要想提升语言沟通的有效性，就要在交谈前注意到沟通的实际情境，如场合、地点和时间等因素都会影响到交流的质量。俗话说得好："到什么山上唱什么歌。"意思就是，讲话是要把握好时机的，在恰当的场合选择恰当的讲话方式，才能切情切境，入情入理。例如，当一对新人在举行婚礼时遇上暴雨，司仪这时就会说："今天恰逢张先生和杨女士喜结连理的大好日子，天公作美，正是入春以来的第一场雨，正所谓"好雨兆丰年"，也象征着这对新人的未来必定是幸福而美满的，雨过天晴必会迎来灿烂的明天。我提议，为了迎接美好的明天，大家干杯！"这时，婚宴现场爆发出了雷鸣般的掌声，现场的气氛一下子就变得热闹起来了。

## （四）词必达意

擅长说话的人，总可以流利顺畅地表达出自己的意愿，能够把道理说得透彻、明晓，使听话者乐意听并且能很快地领会讲话者的主旨和意思。不擅长说话的人，不能完整流畅地表达自己的意思，听话者听起来很费力，并且难以清楚明了地把握说话者的意图。词不能达意，沟通就出现问题。因此，词必达意是有效人际沟通中说话者需要掌握的基本技巧。

首先，说话者应做到口音标准、吐字清晰，说出的语句要符合规范；其次，说出的每一句话要明白易懂，避免使用一些生僻的词汇，避免似是而非的语言，避免使用过多的口头语；再次，说话应当简洁清楚，不必卖弄才华、极力修饰语句，切忌东拉西扯，使人不知所云，应当使用精确、简单的语言进行表达，以达到使人能立即理解其用意的目的;最后,说话应当有力,尽量避免模棱两可、含糊的话和修饰性词汇,比如"我猜想""有可能"这样的表达会削弱我们说话的威力。尽量避免以陈述开始和以问话结束的附加提问方式,比如"这个方案很可行,是不是",这样的问话会使说话者显得不果断。

### (五)生动有趣

生动有趣,可以理解为一种用思想引起人们联想的方式来表达语言的风格。当我们讲话生动时,就能够引起倾听者的联想,他们就能够将较为抽象的内容具象化,更能直观地领会到讲话者的含义。

要想使我们的语言生动起来,可以较多地运用比喻的修辞手法,复杂的问题也会变得简单化,别人一听就会明白。例如,曾经有一位专家到农村为农村党支部的书记们上课,讲解我国加入WTO的必要性,这时专家就运用了比喻的手法来进行阐述:加入WTO就好比我们在农贸市场上申请到了一个摊位,只要我们合法、正当地经营,市场管理部门就会维护我们的合法权益;如果我们拒绝加入WTO,那么也就是说我们在市场外自己摆了一个临时摊位,这样也会带来许多不必要的限制和麻烦,也会有随时被取缔的危险。这样生动形象的比喻,使农村的党支部书记们马上就能够理解到位,并且准确地传达给村民们。

### (六)礼貌待人

礼貌待人也是进行有效沟通时,语言运用的一个基本原则。在交往中,人们对礼貌的感知很敏锐,简单的"您""请"就可以让听话者感受到我们的尊重和礼貌。一个说话礼貌的人会在交流中收到热情的回应,而一个时长出言不逊的人就会过早地被别人结束谈话沟通。礼貌用语可运用在交往的整个过程中,初次见面使用恰当的称呼,寒暄问候中使用敬辞用语,交谈中言语把握好分寸,告别时使用告别词,这些都能体现出我们礼貌待人的诚意。

除此之外,在讲话时表达对于他人的赞美和欣赏也是一种礼貌的表现。在交谈过程中,表现出对于他人优点的欣赏和赞美是对于他人渴望获得认同的心理的满足,是一种非常优秀的尊重他人的方式。在交往的过程中,不要吝啬自己的赞美,要抱着欣赏的态度去发现对方的长处,这样对于提升沟通的质量和有效性也是十分有帮助的。俗话说得好,"良言一句三冬暖",意思就是赞美能温暖对话者的心灵，也能够弱化对方的心理屏障和防御心理。如果当其他人对我们抱有成见或偏见时，我们可以适时地赞美对方并以笑脸相迎，这样可能会打破僵局，取得双方喜闻乐见的沟通成果，也就是我们所说的"伸手不打笑脸人"。

### 三、发问的技巧

在人际交往中，提问往往是交谈的起点和话题深入的推进方式。提问是对对方感兴趣的表现，也是引发别人说话兴趣的最好方式，同时，发问也是获取信息、准确理解的重要途径。因此，在语言传播中，会不会问、问什么、怎么问，都会影响沟通的效果。

（一）注意场合

在我们向对方发问时，要密切注意所处的场合。在公共场合不适于问过于私密的问题；在别人公务繁忙的时候，也不适合问一些琐碎无聊的杂事，应对较紧急的事情进行提问；当对方伤心难过时，也不适合问一些容易勾起对方伤心往事的问题。

（二）发问语言简明

发问要简洁、清楚、明了，切忌含糊、啰唆、拖泥带水。问句不要太长，所用语言要能为对方所理解。

（三）发问难度适宜

在提问时也要注意发问的难度，提出的问题要与沟通的主题紧密相连，不要出现一些风马牛不相及的提问。在沟通的过程中，也切忌提出一些对方不愿意或不能够回答的问题，否则会降低自己在对方心中的好感度。问题的设计应根据交流对象的接受和解答能力来进行，既不要超出对方的能力范围，也不要过于简单。

（四）灵活运用提问方式

我们在实际的交流情境下能够应用的提问方式有许多，也需要提问者能够掌握技巧，灵活地运用。

1. 开放式提问

开放式提问是指对方回答问题时不受到任何因素的限制。例如，在大学里印象深刻的老师叫什么名字，或取得成功的动力和因素是什么等。交谈者面对这些开放式的问题不会具有心理压力，而这类问题也更能够引起对方的兴趣，帮助对方打开心扉，以便于进行下面的谈话和交流。

2. 封闭式提问

封闭式提问是指对方在回答问题时受到限制的一种发问方式。例如，对美术感兴趣还是对音乐感兴趣？要不要去上海发展？……封闭式提问一般要求对方做出决定，这种提问方式会让人感到心里紧张，但得到的答案也是相对准确的。

3. 直接提问法

直接提问法是指提问者单刀直入、直截了当地从正面提问，直接表明问话目的，需要对方直接回答。这种发问方式能够节约时间成本，在较短时间里获得所需要的答案。但有时会显得问话直白、过分生硬，容易造成对方心理抗拒。因此，在正面直接提问的同时，我们还需要注意一些话语的铺垫，这样效果会好很多。

4. 限定提问法

限定提问法是指为防止沟通者在提问的过程中说不，发问者往往会给出两个或多个答案。例如，我们想在明天去拜访某位朋友，如果我们问的是"你明天中午或晚上有空吗？"就将对方限定在了中午和晚上这两个时间点，让对方在二者中选择一个，我们的目的也就达到了。如果我们问"我明天想去看望你，可以吗？"如果对方兴致不高就会很容易得到否定的回答。

5. 迂回提问法

迂回提问法是指不从正面提问，相反，从侧面入手逐渐将回答引入正题的一种发问方法。当遇到沟通对象不太愿意交谈或十分紧张、感到拘束时，提问者往往就会采用这种方法。在刚开始沟通时，先向对方抛出敏感性不强或侵略性不强的问题，就会明显减轻对方的紧张心理和抗拒心理，当对方心情放松下来后，再逐渐转移到核心或敏感的问题上去，就会发现提问和沟通质量有明显的提升。

6. 激将提问法

激将提问法是较为尖锐而具有刺激性的，往往是用来刺激对方以获得某种答案的方法。例如，当报社记者采访南京某厂落实国务院安全生产指示的情况时，该厂并不存在安全隐患，但厂长并不愿宣扬出去，因而不愿意接受采访。这时，记者就会采用激将提问法去发问："有传言说厂里安全措施存在漏洞，去年有名工人触电受伤,这件事情是否属实?"厂长就会立刻反驳,感到很紧张说:"我们厂不可能!"然后出示安全生产记录,讲述厂子的安全生产经验和措施。由此看来,访谈对象的心理已经从"要我说"转变成为"我要说"。这种提问方式有时会显得很刁钻,让人无法接受。因此,在使用这种提问方式时,要充分考虑到自己的身份和提问的场合与情境,需要谨慎设计才行。

7. 追踪提问法

追踪提问法是指提问者把握事物矛盾法则,循着某种逻辑思路,进行连珠炮式提问。一般情况下,发问者需要能够透彻把握事物本质,掌握关键材料,抓住对方谈话中的疑点或有价值的线索,然后打破砂锅问到底。运用此种方法时,切忌将追问变成逼问、审问,应当注意问话的语气与态度。

8. 假设提问法

假设提问法是指提问者提出假设性问题,采用"如果""假设"一类的设问方式。这是一种试探性前进的提问方法,不仅可以了解交流对象的观点、见解,而且能深入对方的心理世界探知对方的真实想法。

## 四、回答的方式技巧

回答问题也可以算是人际沟通中的重要环节,不仅能够帮助交流双方进一步沟通,还能提高双方沟通的有效性和质量,同时也可以减少不必要误会的产生。回答的方式多种多样,应该根据沟通时的具体情景进行灵活运用。

### (一)针对性回答

针对性回答,顾名思义就是回答出具有针对性的答案,在对方提问时,我们要仔细倾听,分析对方的态度、前提和动机等,以便给出具有针对性的答案。

### (二)艺术性回答

艺术性回答主要包括避答、错答、断答和诡答。

1. 避答

避答可以用来对付那些冒犯性的问题。对于冒犯性问题,自己不宜回答,可避而不答。例如在采访某明星的过程中,有记者问道:"你们准备什么时候结婚?"某明星笑着说:"如果我结婚,会第一时间通知你们去哪里度蜜月。"结婚涉及某名星的个人隐私，其自然不愿意吐露，她通过表明度蜜月的意愿灵活地回避了这一问题。

2. 错答

错答是一种机警的回答技巧，不正面回答问话，也不反唇相讥，而是用话岔开问话人所问的问题，做出与问话意思相左的回答，也就是通常所说的答非所问。

3. 断答

截断对方的问话，在问话者还没有说出或者尚未说完某个意思时，就做出断答的口语交际技巧。与错答一样，都是答非所问，但错答是在对方完整表达问题后做出问答，而断答是在对方未表达完意思就抢着回答。此种方法运用的情境通常有两类：一是等对方把问话说全，就会泄露某种秘密；二是待听全问话再回答，会比较被动。运用断答方式，可以在对方未完全表达问题之前，迅速按另外的思路答话，一方面，转移其他听众注意力；另一方面，也可使发问者醒悟，改换话题，避免尴尬局面。

4. 诡答

诡答是一种与诡辩连接在一起的回答方式。这种回答方式常常出现在特殊的情境中，在面对紧急的提问时，回答者做出反常的回答，这样既可以应对棘手的提问，也能够增添情趣以增加自己在别人心中的好感度。例如，在清乾隆年间，纪晓岚在一天天色已亮时发现皇帝还没有醒来，就对同僚说道："老头子还没来？"这时皇帝恰好跨门而入，听到他的话就生气地问道："老头子作何解释？"，这时纪晓岚就急中生智地说："皇上万岁无疆叫作老，皇上乃国家元首叫作头，皇上是真龙天子，叫作子。"皇帝听到后龙颜大悦，纪晓岚也因此化解了皇帝对于自己的责怪，这就是诡答的妙用。

### （三）智慧性回答

1. 否定预设回答

预设可以认为是问句中的一种隐含条件，只要回答了这个问题，就可以默认他是认可这个预设的。这一点从黑格尔曾经讲述过的一个古希腊诡辩派案例中就可以看出。当时有位诡辩派的哲学家问梅内德谟："我们是不是已经停止殴打我们的父亲了？"如果直接回答这个问题，就表示我们已经默认了"殴打父亲"这一事实，因此，智慧的回答方式就是提前发现问题中这一预设条件，从而事先否决其中所隐含的预设，否则就会落入到对方所设的陷阱中。

2. 认清语义诱导问答

人们的语言系统是非常容易受到长期的生活经验影响的，从而产生某种语义联想。例如，常见的有：我们会由"春天"联想到"桃红柳绿"的场景，也会由"冬天"联想到"大雪飘飞"的场景。提问者也常常会依据人们具有的语义联想来设置语言陷阱，以诱导人们进入其所设置的思维定式中。例如，在一个既没有星星也没有月亮的场景中，一个盲人在没有路灯的道路上行走，这时，一辆照明设施毁坏的汽车行驶在道路上，没有按喇叭却也在盲人身后准确地停了下来。那这具体是如何发生的呢？一般我们根据"星星"和"月亮"这些字眼就可以很容易地想到，这样的场景是发生在夜晚，这也就是这个事例中所设下的陷阱，如果我们将思维仅仅局限在"黑夜"中，当然会百思不得其解，其实这个问题的答案就是"白天"。在白天，我们当然也看不到星星和月亮，问题也就迎刃而解了。

## 五、其他基本技巧

### （一）记住对方的名字

赢得他人好感最简单的方法，就是记住对方的名字。记住别人的名字，当再次遇到对方的时候，我们能够直呼其名，对方会感到受重视，对我们产生好感。如果单位中一名级别较高的领导，在遇到我们的时候能准确叫出我们的名字，我们会感到很荣幸，觉得这位领导很平易近人，由此产生好感。如果我们是美容院的顾客，当第二次光顾该店的时候，为我们服务的店员能直接叫出我们的名字，我们会对这名服务员和这家店产生好感。

### （二）对人笑口常开

微笑这种面部表情是具有一定感染力的，可以使人感到愉悦，既可以为以后的交流和沟通打下基础，也可以缩短双方的心理和社交距离。例如，在企业的经营管理中，我们就可以常常听到"微笑服务"，这种服务和做法也时常出现在各个公司的企业文化中，如"微笑是打动人心弦的最美语言""微笑是通往全世界的护照"等。时常微笑会给人带来一种热情和亲近的印象，也更容易消除彼此之间的误会和隔阂。

### （三）拒绝的技巧

拒绝这种行为在人际传播的过程中其实也时常发生的，有人认为拒绝是会威胁到他人面子的一种不礼貌的做法，如果在拒绝的过程中处理不好，就会导致被拒绝者产生不快的心理，严重时甚至会影响到人际关系和交流的气氛。因此，拒绝的技巧是我们在人际交往的过程中必须学会的。

1. 延时拒绝法

当朋友向我们提出超出我们能力范围的事情时，如果我们直接拒绝："你的这个要求我可办不到"，可能会引起对方不快。如果我们采取延时拒绝技巧，这样说："这个事情有难度，你容我先找人试试看，过两天再答复你。"或者"我尽力想办法，能不能办成不好说。"这样不一口回绝，既表明自己愿意帮忙的态度又说出难度，过一段时间我们再拒绝对方时，对方也会感受到我们的诚意。

2. 先扬后抑拒绝法

如果有人宴请我们去参加聚会，当我们有事或不情愿去参加时就可以用这种方法去拒绝："这个聚会真是太好了，真想去参加，但我当下必须去赶制一份工作上的方案，否则我一定不会放过这个机会的。"如果有人向我们提出建议而我们却不愿意接受时，我们可以这样说："这个建议很好，但我现在的实力还不能这样去做，如果以后条件成熟，我会考虑这样去做的。"这样类似拒绝的方法，不仅可以为对方留有面子，也在一定程度上肯定了对方，不至于影响到日后的沟通和交流。

3. 幽默拒绝法

幽默拒绝法也是我们在日常交流过程中常用的一种方法，用这种幽默的方法委婉地拒绝对方也是一种十分智慧的做法。例如，英国的著名文豪萧伯纳就曾经拒绝了一位女明星的求婚，这位女明星在给萧伯纳的信中说："如果我们结婚，生下的孩子有你聪明的头脑和我美丽的脸庞，那该多好啊！"萧伯纳就回信说："但如果生下的孩子有我的容貌和你的头脑，那该是多么糟糕啊！"

4. 入瓮拒绝法

在表达拒绝时，可以在语言中安排一两个逻辑前提，并不直接说出否定的逻辑结论，而是由对方得出结论，这样就含蓄地向对方表达了拒绝的态度。前美国总统罗斯福就用这种入瓮拒绝法拒绝了一位朋友的要求。当时这位好友向罗斯福询问美国潜艇基地的情况，罗斯福问道："你能保密吗？"好友答道："能。"罗斯福笑着说:"你能,我也能。"好友就知趣不再问了。

### (四)幽默表达的技巧

幽默在日常的交际过程中是一种十分富有魅力的语言表达方式,既可以活跃交谈的气氛,也可以化解尴尬,以实现沟通和交流的目的。幽默作为一种表达艺术,也可以是一种沟通的技巧,在运用的过程中不可强求,要考虑到自身的实际情况,否则会起到反作用,应当自然而巧妙地使用。

1. 歪解式幽默

歪解可以理解为一种歪曲的解释,就是以一种调侃的态度来解释一个问题,将两个完全没有关系的东西放在一起,就会给人一种不合情理且出人意料的结果。幽默也就是在这样的一种环境下产生的。俗话说得好:"理不歪,笑话不来。"例如,如果直接就说出正解,"咸鸭蛋是由盐水泡成的"就丝毫不会产生幽默的感觉,而如果说"咸鸭蛋是由咸鸭子生出来的",那么就会产生一种幽默的效果。也曾经有人问过鲁迅的鼻子为什么是塌的,这时鲁迅回答说:"碰壁碰的。"引起众人哄笑,虽然众人皆知鼻子是不可能与碰壁产生联系的,但这一回答既表现了鲁迅对于社会现实的不满和讽刺,也是对于自己生活现状的一种嘲讽,这就是一种深刻的幽默方式。

2. 降用式幽默

故意使用某些重大、庄严的词语来说明一些细小、次要的事情,以此达到幽默的效果,这就是"降用"技巧。比如,当我们用"速胜论""持久战"这样的词汇来形容对方的爱情经历,就是使用了降用式幽默的技巧。

3. 仿拟式幽默

故意模仿现成词汇、语句,临时创造新的词汇、语句,就是仿拟技巧。这种技巧,往往把原适用于某种语境、现象的词语用于另一种截然不同的新语境、现象中,而借助的是对原来语句、词汇的模拟,由此给人形成新鲜、奇异、生动的感受。比如,当领导批评干部为工作争吵时,可以这样说:"有句古诗词说'男儿有泪不轻弹,只因未到伤心处',我看现在可改成'男儿有泪不轻弹,只因未到工作时'。"这是通过局部改变名句的仿拟方法,在幽默中进行批评。

4. 自嘲式幽默

自嘲式幽默是通过运用嘲讽的语气来嘲笑自己的缺陷和毛病,以取得别人的共鸣，引起会心一笑，达到幽默效果。

## 第三节 人际传播中的非语言传播

非语言传播是人际传播行为中至关重要的部分。非语言信号，诸如传播者的物理特征和配饰物、传播环境以及诸如注视、手势、姿势、面部表情等，重要性就像我们谨慎选择正确的语词一样重要。例如，在初次相遇时，我们通过草草"阅读"他人的非语言信号形成对他人的第一印象，而他人也是通过这种方法对我们形成第一印象的，第一印象对任何既定的人际互动以及后续互动都有着强烈的影响。下面，本书将对非语言传播的功能进行进一步阐述，明确其在人际传播中的重要意义。

### 一、非语言传播的功能

#### （一）树立和展示自我形象

在实际的人际传播过程中，如果仅仅是用语言传达信息或交流是不够的，还应当善于运用非语言符号来展示自己。实际上，人们对于一个人的认识和了解大多是来自对方的非语言行为，非语言符号在某种程度上是可以反映一个人的文化素养和精神面貌的。一个人的年龄、身份、地位以及性格等多方面的信息是可以通过他们在实际交流和交往的过程中自然流露出来的行为举止和仪表看出来的。良好的行为举止和行为仪表是可以在平常的人际传播过程中给人留下十分深刻的印象的，在人群中会十分突出，因此，在重要的社交场合中，人们总是会精心设计自己的非语言行为，使其以最好的状态展现在交谈对象面前，以取得良好的交往效果。

#### （二）建立和定义关系

在现实生活中，人们喜爱和爱慕情绪的表达有很大一部分都是通过非语言的形式来表现和传播的。非语言符号在一定程度上可以表现我们与其他人之间关系的亲密程度，这种可以表明双方关系的信号也称之为"关系信号"，是可以表明两者建立关系的方式，也可以用来确定关系的程度，如我们试探去牵对方的手，看他或她会做出什么反应。

关系信号的形式也会因为双方关系的深浅不同而不同。例如，非正式的握手就表现双方的关系还不是很近，挽住手臂或紧握双手可以表示关系更加亲密。

不仅如此，非语言符号也可以用来传达地位的相关信息，如有大办公桌的大办公室就表明这里的主人地位很高，而地下室的小隔间就表明这里的主人地位不高。

**（三）辅助语言表达**

说到人际传播的主要手段还是语言，不管是在内容的复杂程度还是在功能的开放程度方面，非语言符号都是无法与语言相比的。总而言之，在实际的交流过程中，语言处于主导地位，而非语言则处于辅助和从属的地位是为了更好地帮助语言完成它的功能和任务而存在的，具有一定的辅助语言传播的作用。

如果人们用语言表达时遇到词不达意的情况，就可以运用非语言符号进行辅助，以此来弥补语言的局限性，或者也可以对语言内容进行加强，使自己的意图和所要传达的信息得到充分地表现。例如，当遇到别人问路时，不仅可以用语言来描述具体的路线，还可以用手指向所要去向的方向，以便于问路者可以更好地领会道路的方向。除此之外，人们在表达对于他人行为的赞赏或欣赏时，可以一边说话一边轻轻拍打对方的肩膀，在演讲时也可以用手势来加强演讲的气势。

非语言符号对于语言的辅助作用可以体现在以下三方面：

第一，补充。非语言符号的补充作用主要是体现在对于语言行为进行修饰或加强上。例如，当一个人犯了严重的错误，就可以通过检讨的形式和沉痛、懊悔的表情来表现自己的态度和情绪。

第二，强调。非语言符号的强调作用主要是通过手或头的动作来进行表现的。例如，当有人在演讲时说："我们一定要清除不正之风！"在说话的同时，还可以适当将头前倾，或伸出手或拳头下压以表示态度的坚决程度。

第三，调节。在交流的过程中，如果出现不希望被打断或打扰的情况，可以通过打手势或采取眼神和头部动作来表示自己的愿望。

语言传播并不是独立的，如果脱离了非语言符号的帮助，有时就会很难达到应有的效果。因而，要想在实际的人际传播过程中提升交往的有效性和质量，就要将非语言符号灵活运用起来，这样才能实现应有的效果。这一点在演讲中尤为明显，当我们看过大量的演讲视频就会发现，演讲者们总是在自身的穿着打扮或目光神情和手势上下很大功夫，以此来强化自身的表达效果。

### （四）替代语言表达

非语言符号不仅可以辅助语言的传播，有时甚至可以代替语言在交际过程中所起的作用。在人类长时间的探索和总结下，非语言符号已经具有了部分代替语言的功能和作用。甚至，在特殊的情境下，非语言符号的传播功能是大于语言传播的。

首先，非语言符号的代替作用在遇到传播者本身存在一定语言交流作用时尤其明显。例如，当聋哑人或一些语言功能存在障碍的病人想要传达一些信息时，就可以使用手语来表示和标记动作。在两个或多个正常人之间运用非语言的形式也是非常常见的，以手部或面部表情来代替语言的传达。由此可见，在现实生活中，非语言形式的传播并不逊于语言本身。

其次，非语言符号在不方便使用语言的环境下也常常出现，这种场景往往是为了避免尴尬的情形出现或用于摆脱现下的困境，以做到无声胜有声的效果。例如，在我国的古典文学作品《三国演义》中就有一段人尽皆知的"空城计"的故事。故事讲述的是当司马懿所率领的大军已经逼近诸葛亮所在的小城时，诸葛亮的身边只有几个年老病残的士兵，显然是无法抵挡司马懿的军队的。这时，诸葛亮心生一计，让几位老兵打开城门，在城门口打扫起来，自己则在城头抚琴，生性多疑的司马懿看到这样的情形就认为其中必定有诈，因而带兵离去。诸葛亮就是运用一系列非语言符号向司马懿传达了错误信息，使自身转危为安。在日常生活中，这种情况也是十分常见的。例如，当老师在上课时遇到私下说话的学生，然后盯着他们，直到所有人都停止讲话后老师才会继续讲课。在中国古代，主人下逐客令时，也常常会出现这种情况，主人不直接说出来，而是将茶杯倒扣，以此来表明送客的含义。

在某些特殊的领域或职业群体中，非语言符号也是十分重要的。例如，交警用交通手势来维持交通秩序，体育裁判的手势和潜水人员的手势等都是在特定的情境下用来传达信息的。不仅如此，有些非语言符号还被进行了艺术加工，如舞蹈和哑剧表演等，它们都是运用面部或肢体语言来表现人们的思想感情。

除此之外，非语言符号的代替作用还出现在一种十分特殊的情况下，也在一定程度上表现的是反讽的作用，如甲对乙说："你干得真不错"，同时却向丙使眼色表示不满。以此来表现语言的否定意义。

### （五）调节互动

语言作为一种十分规范的符号系统，不同人在同一种语言背景下对以声、形符号等为基础的字词概念是高度相似的。语言传播也需要非语言来调节互动。在人际传播中，很难想象一个人只使用语言，而不用任何非语言符号。

非语言可以调节言语交流，使交流者之间形成互动关系，从而维持和调节沟通的进行。人们在交流中总是有意或无意通过目光接触、面部表情、音调和姿势等行为来控制语言交流的发展过程。比如，在谈话时向对方点头则表示"说下去，说完你想说的一切"；眼睛看着对方表示谈话还可以继续下去，而眼睛看向别处则表示谈话应该结束了。在课堂上，老师可以通过注视某个学生来暗示这位学生回答问题。其他诸如改变体位、改变与对方的距离、皱眉头等动作都是谈话者之间互动交流的表现。一般来说，如果一个人能够调节交流，那么这个人便处于控制地位，这个人可以阻止别人参加交流，也可允许别人参加。在西方文化中，存在着一些和调节有关的、相互更替的即时因素，即我说—你说—我说—你说……这种调节功能往往因具体国家的文化而异。

### （六）表达情感和态度

语言符号主要是意识活动的体现，而非语言符号则是潜意识的外化。因此，一些细枝末节的感情通过语言是无法准确表达出来的，需要通过非语言符号来进行辅助和充分显示。

一个人的内心秘密是能够通过其面部或肢体动作表现出来的。例如，一个十分傲慢的人或许从其语言中是看不出来的，但从他的行为举止和神态能够很清晰地看出这个人的内心想法，心中的傲慢显露无疑。或者，从一个人的身体形态就可以看出这个人此时的心情，如一个手舞足蹈的人内心一定是愉悦的，一个垂头丧气的人内心一定是不开心的。当我们表现出愉悦的面部表情和动作时，就会给人传达出一种热情和亲密之感，想要和更多的人去分享内心的喜悦。相反，如果我们态度冷漠，没有任何面部表情，就是想与其他人保持一定的距离。

除此之外，在很多情况下非语言符号也可以帮助很多人表现他们不愿意用语言表达的情感。例如，当我们遇到我们不想遇到的人时，或是想要降低彼此关系度的人时，就可以与他们避免目光的接触，或者和他们保持一定的社交距离。与此同时，非语言符号也是掩饰自己情感的一种方式。例如，为了不破坏整个团队的气氛，即使我们本身并不同意这个观点，也会尽量保持微笑以掩盖这种情绪。

通过上述阐述，我们可以清楚地认识到非语言传播的重要性。并非所有的人都掌握了非语言传播的各种技巧。有的人社交能力超过别人，在人际互动中机智、精明、泰然自若；另一些人似乎是迟钝、笨拙、愚钝的，或者干脆就是离群索居的。一些人对非语言信号更为敏感，更能够确定这些信号的含义；另一些人在用非语言符号表达其感觉和态度时更为驾轻就熟。一些人使用语言信号和非语言信号是为了投射出自我的某种形象，但其表现来看却很虚假；另一些人在投射其想要的形象时却做得非常到位。

这种区别，我们可以称之为传播能力的差别，毫无疑问，非语言传播技巧是我们传播能力的一部分。接下来，本书将集中讨论非语言传播中需要注意之处。

## 二、非语言传播需注意之处

### (一)不要读"错别字"

这里所说的"错别字"，并非指的文字，而是从非语言传播中读出的"字眼"。

1. 注意同构异形

肢体语言与人类通过嘴表达出来的语言相比，没有那么广阔而丰厚，而正是因为这种简单有效的形式，其所包含的含义才会更加丰富。我们有时会出现误解他人动作的情况，就是因为同一种身体姿态往往可以包含好几种信息类型，有人也把这种现象称之为是"同构异形"。

如图 5-1 所示，为人类最常见的四种身体形态，它们所传达出来的信息十分强大，而且其中的一种形态就可以表现出多种含义。

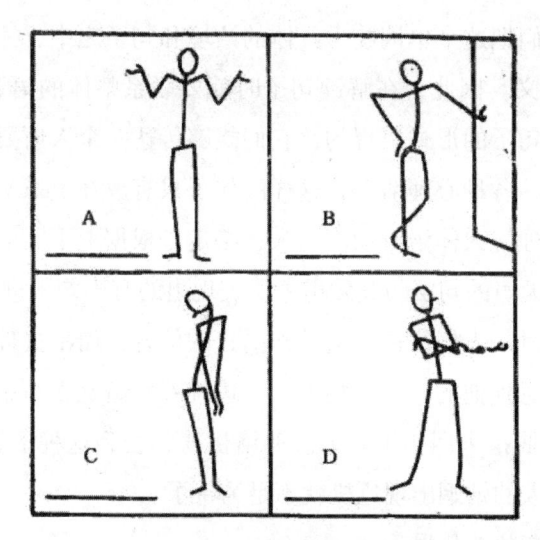

图 5-1 "同构异形"示意图

例如，A 姿势可以表现出人心中"漠不关心""疑惑"或"无可奈何"等态度，这种类似耸肩的姿势在人感到不知所措或莫名其妙时也常常会摆出来。从 B 姿势中可以看出动作发出者的傲慢心态，或是用来表现"厌烦""气愤"或"漫不经心"的态度。从 C 姿势中可以看出，动作的发出者此时处于一种非常害羞的状态，这种动作会给沟通对象传递一种"忸怩""谦恭"或"悲哀"的内心活动状态。最后，D 姿势所传达的信息与 B 姿势是有一定相似性的，除了"傲慢"和"威胁"的心态，有时还会表现出一种"惊奇""怀疑"和"冷淡"的态度。由此可知，当我们在辨别某种姿势时，要分辨其所表现的是正面含义还是负面含义，简单而机械化的辨认方式是行不通的。

2. 注意"语意群"和"上下文"

面对动作语言的同构异形现象，初学者最容易犯的错误就是只观其一，不看其二。比如，搔头的动作具有"搔痒""擦汗""迟疑""忘事""撒谎"等意义，到底此刻表示的是哪一种呢？这就需要结合其他因素综合判断才能得出正确的结论。这"其他因素"，主要体现为"语意群"和"上下文"。

人体语言是一个需要全身相互配合的整体，当某一部位发生动作时，其他具有连带关系的部位必定也会产生动作，这也就是我们常说的"语义群"。人体语言其实可以理解为我们日常所说的语言，包括单词、句子和标点符号等部分。我们可以将每一个动作都理解为一个单词，单词在不同的句子之中也可能表现出不同的含义。只有我们把这个单词放入具体的语境和句子之中，才能够完全正确地理解其所表达的含义。因此，在解读句子时就要联系整体的语意群来进行甄别。人体语言往往是以句子的形式出现的，它们能够传达一个人所要表达的情绪、态度和感情以及内心的各种心理活动，这样的句子只有放在上下文中才能够被准确地理解。一个善于理解人体语言动作的人，必定是根据上下文的语境读出的，并且他还能够将这些无声的句子与其发出者所表现出的有声句子进行比较。

当二者不一致时，人们往往注重动作语言的信息，而不去理会有声语言的信息。弗洛伊德曾注意到他的一位女病人，一边说着她婚姻多么幸福，一边下意识地把手指上的订婚戒指来回拔下套上。弗洛伊德领会到这种下意识动作的意义，因此，断定这位病人的婚姻出现危机就不足为奇了。

3. 注意影响判断的其他因素

（1）规定情境

解读动作语言还要注意动作发生的规定情境。若有一个人在公共汽车站双臂交叉于胸前，两腿相叠，下巴放低，但那是一个寒冷的冬天，那么最大的可能是他感觉冷，而不是防御姿态。当我们在向一个人推销观念、产品或服务时，他也采取这种姿势，就可断定他这是否定的防御态度。

（2）生理限制及障碍

一个人个性柔弱和懦弱的信息一般可以通过"死鱼"手与人相握时就能感受出来，但患有关节炎的人一般也会使用这种握手方式以避免疼痛。同时，穿着不合适或衣服十分紧身的人可能也不能使用某些姿势，这是不利于语言动作发出的。因此，我们在解读时也要将这类生理限制考虑进去，以免发生误会和不必要的麻烦。

（3）年龄差异

手势速度和明显程度的表现也会随着年龄的不同而发生改变。例如，一个年龄较小的孩子说谎后就会立刻用手捂住嘴巴，这个动作也就"告发"了他的谎言。这个动作随着年龄的增长并不会消失，只是动作发出的速度和方式会发生改变。当孩子的年龄更大一些，就会发现，当孩子说谎时可能不会捂嘴而是用手指轻擦嘴角来代替，以阻止谎言出口。当孩子长大成人，这个动作就会变成摸鼻子，也可以理解为是一种成年人较为世俗的捂嘴动作，这也从侧面说明了为什么解读50岁人的动作比解读年轻人的动作要困难得多。

（4）文化习俗造成的歧义

不同国家和民族所拥有的不同的文化习俗会造成动作语言的某些歧义，给读解动作语言带来"语法"上的困扰。不同的文化有着不同的姿势和内涵，这里再举一例。"V"手势是第二次世界大战期间，英国首相丘吉尔带动起来的象征胜利的手势——伸出食指、中指呈"V"状，以示英语"胜利"（Victory）的字头，现在已盛行全世界。如若手心向内，在澳大利亚、新西兰和英国等国，则带有"up yours"的意思，成了侮辱人的手势。

以上这些问题，都是我们在读解动作语言时要顾及的因素。学会观察、排除干扰是读解动作语言时要掌握的要领。只有这样，才能提取准确的信息，真正实现沟通。

### （二）注意可能影响沟通进程的信号

通过对他人非语言信息的观察，我们可以及早发现有碍沟通进展的问题，如理解不够、缺乏达成共识的欲望或者可能产生冲突的苗头。我们也可以看到促使目标实现的有利因素，如表示友好、赞同、支持以及合作的信号。根据所获信息方向的不同，我们应该对自身的言行予以调整，对有利的信息给予回应和加强，对不利因素则应尽力去补救和挽回。

下列这些身体语言值得我们关注：

1. 具有消极意义的信号

（1）有限的目光接触，或者不用正眼看人。

（2）双手合拢，披上外衣，系上扣子。

（3）快速点头。

（4）捂着鼻子或者嘴巴，堵上或者摩擦耳朵。

（5）双臂或者双腿交叉。

（6）握紧拳头。

（7）从我们身边移开一些距离，通常会朝着门的方向。

（8）烦躁，比如快速地用笔或者用脚底板打拍子等。

（9）脸上的肌肉越绷越紧。

（10）来回踱步。

上述信号无论是单独出现还是以组合的方式出现，都在向我们发出警示：对方可能产生了某种防备、不信任或者是排斥的心理。此时，我们就应检查自己的沟通方式有何不妥，是哪些言行导致对方发出了消极信号，并且迅速找到恰当的角度予以解释，帮助他人重新理解自己的观点，尽力使沟通顺畅地进行下去。

2. 具有积极意义的信号

（1）人们感到喜欢的信号

①微笑。

②良好的目光接触。

③身体逐渐靠近。

④开放式的身体姿态而不是双臂交叉。

⑤直接面对我们，表情自然放松。

（2）他人对我们的观点有兴趣的信号

①思索式地点头。

②身体前倾，想靠近我们。

③睁大眼睛，兴趣越浓，眼睛越有神。

④放松的姿势。

⑤张开双手，解开外衣扣子。

⑥抚摸下巴或者把头偏向一侧。

⑦神情似乎很挑剔，但实际上在非常认真地思考对方所提供的信息。

⑧充分理解的附和声。

如果他人发出了上述信号，则在某种程度上可以预示我们的成功。因此，当在现实生活中出现上述类似信号，我们就要及时把握住机会，趁热打铁加快工作的完成，或以适度的言行来维护这种和谐的交流氛围。

总而言之，准确且深入地解读他人的非语言信息可以帮助我们在实际的日常或工作场合中少犯错误，可以促进双方交流的有效性和质量。与此同时，对于他人语言的观察在某种程度上也会反映在我们自己的语言当中，构成对他人的一种回应，这些沟通过程都会提升沟通的整体质量和有效性。

## 第四节 人际传播中的冲突管理

### 一、人际冲突概述

#### （一）人际冲突的定义

人际冲突是冲突的子集，是冲突在人际情形中的反映，有着冲突的一般特征。当然，人际冲突也有一些独特特征，是基于"人际"而产生的。综合现有研究，可以看出，人际冲突是发生在彼此依赖的主体之间的动态过程，就是当他们面对可感知的争议以及目标达成的阻挠时，所经历的负面情感反应。

#### （二）人际冲突的内涵

1. 冲突是表达出来的争议

实际上，在争议表达出来之前，个体都会经历人内冲突的过程，这个过程是由于个体缺乏解决问题的能力，再加上自我约束所造成的一种矛盾状态。个体的人内冲突从内心表达出来所经历的时间有长有短，并不相同。

当冲突的行为或讯息之间以明显的信号相互传递时，人们就会明显感知到争议的存在。换言之，争议是被表达出来的，在冲突环境下的双方彼此也都知道冲突本身的存在。例如，室友每天放音乐的声音都非常大，让我们感到非常烦躁，但如果室友本身并不知道我们的这种心理状态，那么我们认为的这种冲突实际上可能并不存在。

众所周知，被表达出来的冲突不一定是以语言的形式来传播的。人们有时也可以通过非语言符号来表达意见，如瞪眼、凌厉的目光和表情以及声音等。人们表达意见的方式可以是公开直接的，也可以是隐藏式的，但大多时候人们还是会采用隐蔽的方式来表达自己的意见，尤其是在中国人之间，这种表达情感和意见的方式尤为常见，其特征就是采取否认和掩饰的态度。例如，如果有室友把宿舍弄得十分脏乱，我们虽然内心很恼火，但并不会通过语言表达出来，反而是在其睡觉或学习时大声放音乐或说话来表达自己的不满。

2. 冲突双方彼此依赖

冲突双方实施一个表达性争论并阻挠彼此，是因为他们是彼此依赖的，如果没有依赖，对彼此没有特殊兴趣，人们是不可能和他人有冲突的。一个人的行为选择必然要针对另一方，所以冲突也是相互行为。在人们进行冲突的策略选择时，也是需要有相互兴趣和合作的——"怎么使冲突以一种有利于我的方式进行？"当双方被非生产性的彼此依赖绊住时，这些冲突就变成僵局性冲突，双方处于"以眼还眼，以牙还牙"的恶性循环中。很多关系都在独立和彼此依赖之间进进出出。

3. 冲突源于可感知的不相容目标

当人们发现彼此的最终目标不同或达成最终目标的途径数量不多，或是自己在达成目标的过程中受到了阻碍，彼此双方有人倾向于使用竞争的方式来达到目标时，冲突就会产生。例如，情侣之间有人想要去看电影，但另一人想要待在家里看电视；自己想要去国外的名校读书，但父母的经济能力只能供养自己读一般的学校。

冲突不仅仅是一种争议，也可以理解为人们认为他人干扰了自己达成目标或利益的过程。

人的一生中会有多种多样的目标，如金钱、服务、爱情、亲情等。在不同的社交关系中，我们所期望达成的目标也不同。例如，在友情和爱情中，我们的最终目标是让人们喜欢我们；在同事关系中，目标可能是为了获得某些工作信息或者是达成某项工作共识。可能在情感爆发冲突的过程中，人们并不清楚我们的目标是什么，只是通过与他人的这种冲突来揭示目标，目标是会随着冲突的发生和进行而改变的。

大多数人在追求冲突的过程中一般具有以下四个目标：主体或内容、关系、身份（或者面子）、过程。

第一，冲突的主体或内容——我们想要的究竟是什么？

主题和目标在冲突的过程中是一种外在的表现，是很容易就可以看出来的——"我想要一束花""我想要一只手表"等。在主题或内容方面的争斗主要有两种，一种是双方的目标不相容，即双方可能想要同一种东西或双方想要获取的东西不同。以前者的情况来举例说，公司的同事之间可能会竞争同一个晋升机会；以后者的情况来看，一对恋人如果选择在家看电视可能会觉得索然无味，但如果对方执意去看电影或吃饭，他们也会感觉很烦躁和郁闷。由此可见，所有冲突的得失都是此消彼长的。

第二，冲突双方的关系——我们彼此之间是什么关系？

在冲突关系中，我们首先要确定的就是彼此希望得到对方怎样的对待以及对于对方的依赖程度。如果已经建立关系的双方具有不同的目标，就会出现冲突，在任何的争议中都可能会出现关系目标，这一点是我们必须要承认的，并且要对其严加管理。

第三，冲突双方的身份——在互动过程中我是处于怎样的身份？

在冲突发生的过程中，我们彼此的身份如何得到保护、尊重或修复，这一问题是值得我们思考的，它不仅贯穿于冲突过程的始终，在某些特殊情况下还会更加严重。当我们的"面子"在冲突过程中被看得越来越重要，人们就会降低思考的灵活度，破坏性行为的发生率也会逐渐升高。在一些场合中，人们为了保全自己的面子（或身份），就还会说出这样的话："我根本不屑于做这种事情！""我是这种人吗？"

在冲突中，人们要么保全面子，要么丢掉面子。这就事关人的自尊了。没有哪个人是自尊满满，以至于不需要在冲突中寻找自我好的方面，尤其是在对方认为我们伤了他的自尊时，风险特别大。此外，人们有时会伤害自己的面子，这一点似乎难以理解。不过，现实中人们的确常常说一些有关自己的负面东西，"我真的不是好母亲""我太笨了"。如果关系伴侣能修复这些负面性，以如"你是好母亲，我们有目共睹"来回应，这个人就可能放弃极端自卫的策略（比如怀有敌意）。

人们极力通过保护自我形象来避免丢面子，通过让另一个人失去尊严感和感觉无价值力图解决问题或者停止冲突，但这不可能长期管用。过度使用权力可以暂时解决问题，然而一旦有了输家，输过的人总在等待时机"扯平"。

第四，过程目标：使用了何种传播过程？

不同的传播过程可能改变关系。许多时候，人们不同意正式或者非正式地实施冲突。比如，不让别人说话、不让孩子插嘴等。

4.冲突源于可感知的稀缺资源

冲突在人们缺乏充足的资源供应和分配时也会发生。例如，劳资冲突是关于钱的供应和分配问题；角色冲突是关于时间的分配问题，一个人在社会中所扮演的角色是多种多样的，有老板、同事、父母、孩子、朋友等，这些角色都需要我们投入时间，但一天只有24小时，这些角色我们是无法一一顾及到的，这时就会爆发冲突,因为与我们建立关系的人都希望得到比我们能够给予的更多的时间。

资源所导致的冲突问题,有时是因为资源的稀缺,有时也是在资源分配的过程中出现的问题。例如,在朋友之间这样的问题就会经常出现,如果好朋友喜欢别人,那么我们从朋友那里分得的喜爱和时间就会减少。喜爱这种稀缺资源,虽然看起来是可感知的,但事实上这种对于喜爱稀缺的感知变成了朋友间冲突的导火索。由此可知,当我们面对这类问题时,比较恰当的做法就是改变对方对于资源的感知程度,这与重新分配资源相比是更加有效的,如以支持性回应来劝说对方不必害怕失去喜爱。

5. 冲突的必要条件为阻挠

彼此依赖的人感知到不相容的目标、想要同样的稀缺资源并不一定会产生冲突,阻挠或感知到阻挠才是冲突形成的必要条件。妻子想去逛街,丈夫想要去看电影,这些都是可以凭借自己愿望进行的。如果作为家庭活动,希望一起行动时,一方的目标达成就会使另一方目标受到阻挠和干扰。这时,冲突就会出现。

(三)人际冲突的类型

1. 伪冲突

伪冲突往往是由于误会引起的。它发生在我们没有搞清楚一些讯息的准确意思之时,但如果我们不通过交流询问更多的讯息,就可能引发真正的冲突。

想要避免这种伪冲突的发生,我们就要认识到自己是否真正理解别人所要传达的含义。遗憾的是,我们常常因为面子或身份问题而假装明白他人的意思,但心中积累着不少怨气和不满,长此以往下去自然就会积怨成仇,爆发冲突。为了减少这类冲突的发生,我们应该努力做到以下几点:

第一,检查自身的理解。对于我们存在疑问或不满的时候,我们要主动去请教和询问,以确定我们理解的意思是否与对方所要表达的含义相同。

第二,仔细聆听。这里我们所说的聆听并不仅仅是语言上的沟通和交流,还涉及非语言符号的运用,如困惑的表情、不满或疑问的语气等都是可以表现出来的。

第三,建立支持性而非冒犯性的气氛。冒犯性的气氛主要包括操纵、支配、冷漠等,总是认为自己的说法或做法是绝对正确的,这种处理问题的方式在一定程度上会加深别人对自己的戒备或误解。

2. 利益冲突

利益冲突所指的是双方在对于同一个问题的观点或立场存在不可调和的矛盾，这时就会产生利益上的冲突，这种冲突往往是由于人们对于时间、金钱等资源的心理需要存在巨大的差别出现的。例如，我们想要在周末去看电影，而对方却只想呆在家里；我们想要和对方结婚，而父母认为应该先立业再成家……或许交流的双方都是可以理解对方心里的想法的，但无法放下自己的包袱去同意对方的观点。也就是我们常说的："情有可原，理无可诉。"

上述我们所提到的一些冲突在日常生活中时有发生，也是十分简单的冲突。拆解这些简单冲突的关键点就是要将关注点放在目前所要讨论的事务上，而不要转化成为人身攻击，这是一种十分不可取的行为。

为了避免在日常的冲突中将简单的礼仪冲突上升到不可挽回的人身攻击，我们就要这样做：首先，我们彼此双方都要阐述对于这件事的理解，要将冲突的目光放在眼前的事务上，而不是翻出之前的争议或风马牛不相及的事情来；其次，双方都要努力找寻解决问题的方案，选择其中最重要的时期，就事论事才会提高解决问题的效率，找到彼此对于这件事情的契合处。假如在争吵的过程中导致问题升级了，就应该努力平静和冷静下来，找到另一个彼此都觉得新鲜的话题。

3. 个性冲突

我们的感知和情感在我们是否喜欢一个人的人格中扮演着重要角色。如果我们觉得对方很粗鲁、令人讨厌，那么就几乎不可能和他相处，这通常会导致个性的冲突。

我们每个人有不尽相同的为人处世风格。两个人完成任务、目标的风格不同也会导致冲突。例如，有人喜欢立即处理，有人喜欢拖沓；有人程序化地处理问题，而有人则想用创新方法处理。

4. 人格冲突

如果输掉争议就会上升到人格冲突，会伤害到一个人的自尊。例如，我们想要去看不同于朋友选择类型的电影，这件事情通常来说很容易解决，但如果我们认为自己的让步会使自己成为关系中的弱方，那么很可能就会导致冲突升级。

处理这类冲突最好的方式就是直面冲突。人身攻击的这种做法只会两败俱伤，当我们认为"最好的防卫就是有力的攻击"时，就在潜意识里已经选择了战斗，本来很简单的伪冲突就会演变成可怕的人身攻击，很难去处理和解决。

如果我们发现自己已经被卷入人格冲突中时，就应该避免猛烈的人格攻击和言语侮辱，这时，双方应当轮流表达自己的想法，然后让时间来冲淡这一切。当大家情绪上很难冷静时，这种倾听的方法是很难实行下去的，自己陷入情绪困境中是很难给对方表达机会的。

5. 价值观冲突

这个世界，没有两个价值观完全相同的人。成长于不同家庭、文化或者宗教背景中的个体，对于对错、是非有着不同观念，冲突通常起于一个人试图强化自己的那套价值观。例如，我们觉得攒钱为将来打算是一种重要的价值观，而我们的关系伙伴却认为享受当前生活更重要。价值观的冲突解决起来非常困难，因为双方可能都不愿意妥协。有时，最好的选项只能是"我同意不同意"。很多浪漫关系以及婚姻关系没有走到最后，核心价值观差异太大是一个主要原因。如果彼此能够尊重差异，也可能让关系维系。但现实情况是，双方都长期致力于改造对方，冲突必然经常爆发。

（四）人际冲突的效果

人际冲突并非天然是消极的，周到细致地管理冲突可能帮助双方一起学习、成长，并达到彼此的个人目标。一般来说，卷入冲突会产生多重效果：一是对解决问题的作用，二是影响个人幸福，三是对关系产生效果。不过，具体是产生正效果还是负效果，这要在一定条件下才能判断。

1. 可能有助于解决问题

冲突可能是促进变化和解决问题的必要条件。一方面，冲突使个体意识到他们出现问题的行为，并推动改善问题。没有冲撞等，人们可能意识不到改变的必要。另一方面，冲突促进了问题解决，因为个体彼此分享了信息。当个体之间有争议时，他们懂得了另一种观点的存在，懂得了对方某些需求也是合理的，这就可能提高他们对彼此行为和表现的理解度。

首先，冲突可能促进改变。一般来说，个体会用一套理想的标准去套关系伙伴的行为，比如浪漫、充满活力、有身份、值得信赖。按照这种理想标准，当伙伴被看成是有缺陷的时，个体经常会试图规范伙伴的行为以便他们得到提高（从而符合社会理想标准或者自己的标准）。

要求对方改变的做法通常有两个相反的结果。一是其关系伙伴强烈意识到自己造成问题的行为对对方和关系所造成的困扰的严重性，希望并推动改变；二是大多数规范努力遭遇失败。因为当关系伙伴意识到自己被看成是有缺陷的时候，自尊受损，就会抗拒改变。结果导致双方关系的满意度下降。事实上，对关系伙伴缺陷的锚铢必较通常带来的是抗拒而不是改变。

其次，冲突也可能改变提出要求的那一方，从而促进问题的解决。人际冲突既可以聚焦于任务问题也可以聚焦于关系问题，分歧既有认知的成分，也有社会的成分。当两个人联合面对一项任务时，他们可能发现自己持有与对方不一样的主意、观点和偏好，而且，他们对任务的性质及解决办法感到不确定。这时，任务冲突出现。任务冲突可能是有益的，因为双方在一来一往的观念表述和信息分享中，即"头脑风暴"中，可能形成解决问题的方案；而关系冲突可能是有害的，因为个体在内心不融洽的情况下，会坚定自己的立场，并使立场极端化，决不让步。

2. 可能影响个人健康

个体压力的来源一般是人际冲突，这种压力会对个体的生理和心理造成影响。

人际冲突会使人产生巨大的压力，这种压力又会导致个人产生生理反应，这种生理反应会使人的生理幸福感下降，破坏人体免疫系统（比如抽烟和饮酒增加等），并且会使伴侣之间迁就彼此健康的可能性下降。侵入性思考、过度反应、干扰日常行为、逃避以及身体问题（如饮食和睡眠问题等）等都属于压力反应。

对压力采取不同的处理方式，会导致不同的结果出现。采取处理的方式越隐忍，压力所产生的相关反应就越多。虽然目前还没有证据表明冲突会对健康造成影响，但是冲突如果是行进性的、长期的，的确是会使人感到不幸福，使得关系无法发挥正常功能。

3. 可能影响关系健康

在一定条件下，关系的质量和健康会受到人际冲突的影响。人际冲突不一定会导致关系不良，但是二者之间的确存在巨大的关联，并且大量变量会调节人际冲突和关系功能不良二者之间的关系。

关系伙伴正在争论的主题的重要性就是变量之一。一个不太重要的主题，个体之间就不会过于敏感，从而使问题能得到更好地解决，避免这段关系带来的伤害。关系伴侣是不同的两个个体，他们有各自的想法，哪怕是同一个主题，双方对于这一主题重要性的排序也是不一样的。对于一方来说是重大主题，而另一方却不认为这是什么重要的主题，所以，主题是否重要也可能会成为冲突讨论的内容。

一个更有力的协调者，相比主题，一个人的依恋风格似乎更加符合。一个具有安全型依恋风格的人，面对冲突，他的反应是试图通过关系和伴侣紧密相连。一个具有焦虑型依恋风格的人如果面临频繁、严重的冲突，则更容易产生过度反应，对伴侣有问题的行为做出负面归因，这会导致冲突升级，其会认为关系受到了威胁，在这种情况下，伴侣容易产生负面的行为，产生冲突后，也会感到高度苦恼，对关系的满意度也会降低。

个体对关系的信念也会影响关系健康。一些个体相信，关系是随着时间逐步成长的，并需要维护，通过处理问题，关系双方可以使关系更牢固。这种"成长"视角可能有助于个体处理人际冲突。

无论有多少变量调和了人际冲突对关系健康的影响力，但总体来说，正在进行的冲突降低了关系的质量，而不是提高了关系的质量。

## 二、人际冲突的管理

所有人、所有关系都会面对冲突，这是共性，但作为个体的我们都拥有一些处理冲突的习惯性方式，而且这些方式不尽相同。有时，这些方式有利于问题解决，促进个人幸福与增加关系满意度，但有时，则适得其反。如果人们有能力处理冲突，就可以使正在激发的冲突偃旗息鼓，使正在行进的冲突云开雾散，使冲突事项迎刃而解，使个人身心愉悦，使冲突后的关系修复水到渠成。这种恰当的处理方式为冲突双方讨论各自的所思所欲、所忧所惧、所盼所望打开了通道，使双方对彼此有了更深的理解，增加了彼此之间的尊重和亲近，使冲突双方利用冲突重新评估了关系状态。长期来说，会带来关系的正向改变。因此，建设性的冲突管理深刻地影响着人际关系的质量。反之，如果不能有效地处置冲突，就会引发怨恨、敌意，影响双方的生理、心理、情感和精神健康乃至导致关系的结束。

我们可以通过以下几方面进行人际冲突的管理，使之更为行之有效地化解冲突：

### （一）冲突激发与过程控制

出现冲突并非是通过明白无误的方式，而是和别的事情一起出现。比如，当我们对家人产生愤怒情绪时，可能是因为自己感受到压力，会产生不舒服的感觉，这也就是我们常说的"迁怒于人""指桑骂槐"。

产生愤怒可能是大多数人感受到的与冲突相关的情感。人感到挫折之后，就会产生愤怒，通过谴责的方式表达自己的情感。发生冲突时，愤怒是很正常的感情，尤其是当伴侣完全不在乎时，冲突会快速升级，情感上也会感到不安。

愤怒如果控制不住，通常会产生冲动的行为，或者对人出现不好的评价，此时，人们已经完全失去理智，根本意识不到自己所选择的行为会产生什么样的后果。但是人们可以管理自己的情绪，控制自己的愤怒，如果一个人非常在乎对方、双方之间的关系和自己的感觉（有人对自己的愤怒也有强烈的挫败感），那么他就会降低自己愤怒的级别，情感程度的减弱也会使冲突减弱。

压力也会使人感到消极，然后产生消极的互动，日常工作如果有压力的话，那么一个人对家庭也会采取冷漠的态度。例如，如果一个人工作压力大的话，那么他可能会把这种压力带到生活中，会很少关心自己的孩子，与孩子的交流也不多，也不会把太多的精力放到孩子身上。令人感到讽刺的是，人际冲突的压力是令人最为难过的压力。人们会将这种压力带到工作中，产生一种负面的情绪，如果人们能够了解这一点的话，我们会对他人更加留意，我们也不会将烦恼强加于那些与压力无关的人身上。

因此，预测冲突情形可以实施情节控制。研究表明，预测一个人对潜在冲突是否存在负面反应有助于人们在起冲突时限制冲突出现与升级。

个体对一个情境中的互动是有不同的期待的。当一个人的行为违背了期待时，个体就可能被激发，努力搜寻对方违背过的期待，然后做出反应。也就是说，违背了先前的期待有可能产生冲突。行为和期待一致也并不一定可以避免冲突。例如，焦虑型依恋风格对于被拒绝的信号特别敏感，且可能夸大这些信号。那么，我们就应该有意识地审视自己的期待是否过高，对于违背期待，我们是否和伴侣交换过意见。不经讨论就对违背期待事件做出冲突行为，显然是不利于冲突管理的。

## (二)冲突当口及其控制

### 1. 个人差异与自我约束

个体达到目的通常行为都是自动的、习惯性的,然而,有时候这种通常的回应却是和他人目标不相容的,因而可能需要相当的自我约束以控制自己的行为。自我约束可能影响发生冲突的可能性。例如,那些想保持长久浪漫的人会减少自己对可替代性伙伴的吸引力,较高程度自控的人在保持对浪漫伙伴的承诺方面冒犯较少,不和异性调情,不大有愿望去和一个有吸引力的可替代性伙伴约会。

冲突是被热系统和冷系统控制的,热系统是情绪化的、自动的、欲求的,冷系统是刻意的、理性的、认知的和策略的,使得人能够更加自我约束。个体会进行自我控制,并且会减少愤怒,也会减少将这种情绪表现出来,这样负面后果自然也会减少。如果个体感到疲惫,情感上也产生厌倦,那么自我约束的能力就会下降,从而更容易产生冲突。容易产生情绪冲动的人,比起那些不容易生气的人,会很少使用认知资源对侵犯性想法进行控制。能够进行自我控制的人,几乎没有可能会对亲密的人实施暴力,资源控制减弱时,比起正常的时候会更容易向亲密伙伴实施暴力。如果能够进行自我约束的话,那么,情感和行为都会得到控制,也不会对谈话内容进行一遍遍的回忆,由冲突产生消极因素的积累也会减少。

人们一定要坚信:冲突可以得到有效控制,从而产生积极的结果,人们可以首先尝试对个人进行控制。

第一,人们需要明确自己在冲突中所扮演的角色以及自己所要承担的责任,人们也要承认自己是冲突的推动者,只有这样,人们才会有能力对产生冲突的方式进行改变,扮演受害者并对他人产生迁怒反映的是个人控制能力的不足。人们的留意行为常常会使人们对更多的信息产生思考,也会对与冲突有关的观念进行反思。

第二,人们应该留意那些可以用来产生生产性结果的行为。

第三,人们应该在整个冲突过程中随时提醒自己,自己的结果绝大部分是由其能力和行为决定的。相信一个人能够带着高度成功的可能性进行协商,这是有效和恰当管理冲突的一个重要的组成部分。

对伴侣行为的容忍也是自我约束的一部分。个体出现负面行为的时候,其伙伴的第一反应就是回应这种负面行为,但是如果考虑到未来还要对关系进行发展,那么破坏性行为就会得到抑制,从而建设性地进行行动。在依赖性较强的双方关系中,比起不容忍,如果一方产生更多的容忍行为,那么伙伴的接受程度就会更高,双方的互动也会更加亲密。

产生冲突之后,人们对自我进行约束也是非常必要的,产生冲突之后关系的质量好坏会受到是否对源于冲突的压力进行自我约束的影响,产生冲突之后产生的压力,如果可以进行修复的话,那么就有利于伙伴和关系发展,但是如果一个人一直停留在压力当中,对冲突一直耿耿于怀,这有可能会增加冲突升级的概率。也就是说,如果自己从压力中很快恢复过来的话,那么伙伴也可能会很快恢复过来。

2. 理解冲突及归因控制

(1) 管理冲突的问题

并非所有冲突都有解决办法。但是,把冲突看成一个具体问题而不是一场你死我活的战斗,显然更有助于解决冲突,可以使我们避免过于情感化以及让对话集中于具体事务。

第一,定义问题。

第二,分析问题的来龙去脉。

第三,确定目标。

第四,提出相应解决方案。

第五,选择最能满足自己与对方需要的方案。

(2) 避免自我服务的偏见

从归因理论中看出,人们一定会解释他人的行为。如果人们能够有效控制归因,那么就能够对冲突进行有效的管理。如果人们愿意为冲突负责,那么人们就会采取合作的方式,比如,提供帮助,对伴侣的自我揭示进行寻求。而相反,如果人们把冲突的原因归结为伙伴的行为,那么他就可能会实施竞争性的冲突行为,并对对方的行为进行报复。归因部分对负面传播和不安全风险之间的关系进行了协调,使得后续讨论的压力和不安全风险之间的关系得到了充分的协调。

所以,人们应该对归因进行控制,不要轻易对伙伴进行责怪,要常常对自我服务归因的偏见进行留意,冲突的原因并不是显而易见的,人们不能轻易将冲突归因,而是要对信息进行积极的处理,关系的双方都不应该过分地自我服务或者以自我为中心。

3. 情感爆发与情感控制

冲突会使人产生情感控诉，而严重的冲突的特征，就总是离不开情感的高度激发，既有侵犯性行为，又有负面的情绪，这就是破坏性冲突的标志。产生这种负面情绪，主要是由于自己的目标受到了阻碍，伙伴对传播的反应也有可能会导致负面情绪的产生。比如当父母选择要外出散步的时候，孩子要在家看电视，如果孩子和父母出去散步或者父母陪孩子在家看电视，那么彼此之间就不会产生冲突，但是如果双方都有自己的目标，并且不愿意放弃，那么这个时候就会出现抱怨、愤怒等负面情绪。同时，双方会出现对抗，通过负面情绪来抵制对方的传播——"你为何用这种方式与我沟通？你要不是这样，我还可能让步的！"其实在很多情况下，只能产生冲突，致使冲突升级的原因，甚至都不是因为目标不同而产生的冲突，此时，人们已经忘记了目标冲突，而是因为"为何你用那种语气、表情、态度与我争执"。

面对冲突，我们的第一反应就是愤怒，感觉到挫败甚至是悲哀，这些激烈的情绪在我们身上不断地放大。如果我们无法对自己的情绪进行控制，也没有办法理性地解决冲突，通过情绪的爆发来表达自己的感觉，会让我们感到一时的痛快，但是可能会封闭我们进行理性谈判的途径，甚至会带来严重的后果。古语云："忍得一时之气，省得百日之忧。"当然，在冲突中，情感的强度不是固定不变的，在冲突开始的时候，可能情感会非常的强烈，但是等到后面开始对冲突进行处理或解决的时候，情感的强度就会减弱。

尽管有时候，冲突以令人满意的结果结束，但是，负面情感和破坏性传播通常会让人们错失成功解决冲突的机会。

因此，关系的质量是由情感表达的类型及方式决定的，我们怎么处理这些情感是冲突管理成功的关键因素。我们应了解情感在冲突中扮演的重要角色，情感和冲突具有相似性，和冲突相关的情感有六种：敌意、脆弱、无力、积极、自我意识、害怕，在冲突中这六类情感被传播。我们应用适度的情感表达来约束负面情感对于冲突管理的破坏性。

比起那些不被表达或者不受约束地释放情感来说，中间强度的情感是解决问题比较可行、比较有效的方式。

在面对冲突时，应尽量避免采取行动，否则我们可能对所言所行追悔莫及。

冲突升级时，运用情感管理技巧是非常难的。因此，面对冲突时重要的是减少情感指控，以便我们和对方在解决冲突时能够理性地处置差异。

产生冲突时，对方可能会感到愤怒，并且认为我们应该为其不快乐负责。我们的目标则是对对方的愤怒表示赞同，希望通过认同其情绪（比如"你有理由生气""我确实说过要给你打电话，我希望以后我能够做得更好"）来降低其愤怒程度。这就意味着，我们要尊重并且承认每个人看问题的方式，我们自身在讲原则的同时，也要承认他人的立场是有效的，并且能够使冲突朝着健康的方向发展。输可能最终会带来"赢"——不仅对我们自己是有益处的，而且还能使对方获得益处，对关系也是有好处的，但是如果产生了不稳定的情况，想让这种方式产生效果也是不容易的。

在面对冲突时，我们应该学会与他人共情，具有基本的同理心，能够站在他人的角度和立场来重新审视问题。移情包括：第一，感觉移情，也就是对他人可能会产生的感觉表示认同——"我猜你可能很生我的气"。注意不要将他人并没有产生的感情归于他人身上——"你现在所有情绪都爆发了"。第二，思想移情，也就是说，我们要对他人说的意思表示理解——"你说你对我失去信心了，我理解"。

面对冲突，尽量使用"我"陈述。例如，"我们之间的事情到了这一步，我觉得很难过"，这样说远比"你真的让我非常难过"更少激发对方的愤怒。

面对冲突，努力去安抚对方，找到他人说法的积极面，表示对对方的尊重，即便他对我们很愤怒——"我真的感谢你，能够这么坦率地把问题告诉我"。

下面是一些约束负面情感的建议：

第一，意识到自己在生气并且产生情感波动。

第二，努力理解为何生气。愤怒是自然的、正常的，每个人都会经历。

第三，做出是否表达愤怒的有意识的决定。有时我们不得不表达自己的愤怒，但注意让愤怒就事论事。

第四，选择一个双方都能接受的地点以及双方都便利的时间对冲突进行讨论，可以当场谈论或随后谈论，但是要让对方对我们表示接受，也要让对方对我们的信息表示接受。

第五，对自己所掌握的信息要进行组织，不要让情绪来对自己造成影响，对自己的非语言信息也要进行监管。

第六,时常进行深呼吸,深呼吸会使人冷静。

第七,避免骂人,或者对他人进行人格攻击,将情感夸大。不要总拿过去说事。

第八,将和睦的关系慢慢建立起来。

第九,经常进行自我对话,如"我累了,等我冷静下来再谈论"。

## 第五节 跨文化视域下的人际传播

### 一、跨文化人际传播概述

传播技术不断进步,地球已经变成了一个"村落",各国之间有了更加频繁的跨文化交流活动。通过跨文化进行人际传播,已经成为现代人交往的重要方式。世界变得越来越网络化,但是同时也要求我们更要注重人际交流。2010年的上海世博会就是这样一个能够进行跨文化人际传播与交流的巨大平台,世界各地民众都来到上海,面对面进行文化交流,亲身参与,通过这种直观体验,人们会更加愉悦,远胜于通过电子屏幕观看的效果。

这样的人际传播活动有一个朴素的道理蕴含其中:人类需要进行交流,种族之间也需要进行沟通,大家都要对情感进行表达。跨文化人际传播活动,比起其他媒介下的传播活动,更加具有吸引力,也更加具有优势,人们在同一场景中进行沟通,分享自己的生活经验,在表达中自我实现得到满足。理想与现实之间往往事与愿违,虽然怀揣着美好的愿望,但是在现实中往往会产生沟通不畅的问题,最终导致结果并不理想,这种误解和麻烦常常会带来由异域文化产生的沟通障碍。从某种意义上讲,只有使跨文化人际传播与沟通的能力得到提高,才能真正透彻理解文化之间的差异,对母语文化和对象文化之间的差别才能深入了解,才能使得已经发生的文化冲突,或者可能发生的文化冲突事件得到妥善处理,那么,跨文化人际传播与沟通到底是什么呢?

要想彻底了解跨文化传播与人际沟通,必须要对几个关键的概念有清晰的了解。

## （一）文化

文化才是跨文化人际传播与沟通的支撑，在中国古籍中，与"文化"相对的是"武功"，这里的"文化"是文治教化的意思，是要陶冶人的性情，对人的品德进行教养。西欧"文化"一词还有很多含义，词源自拉丁文"colere"，原义是指进行农耕和作物培植。随着人类社会的不断发展，词意也不断地演变，雷蒙·威廉斯经过考证得出了结论，认为"文化"一词主要包括三类含义：独立、抽象的名词——对18世纪的思想美学和精神发展的一般规律的描述；独立的名词——无论是从狭义的方面来看，还是从广义的方面来看，都是对一种特殊生活方式的表示（关于一个民族、一个时期、一个群体或全体人类）；独立抽象的名词——主要是指艺术方面对知性的作品活动的描述。现在人们对文化的认识最普遍的就是第三种。

文艺复兴以后，"文化"一词逐渐得到推广使用，指对人的教化。英国人类学家泰勒是第一个给文化下明确定义的人，他认为文化包括艺术信仰、知识、法律风俗、伦理道德以及作为社会成员的个人，通过学习获得的习惯和能力等，文化是一个复杂的总体。在当代，美国人类学家克罗伯提出了一个比较有影响力的文化定义：文化的构成是内隐和外显两种行为模式，通过象征符号这种行为模式，才能获得传递；文化是人类群体显著成就的代表，包括了他们在人造器物中的体现；传统（即历史地获得和选择的）观念是文化的核心部分，尤其是文化的价值；文化体系一方面可以认为是活动的产物，另一方面可以看成是使活动进一步发展的决定因素。

不同的学者有着不同的观察角度，他们的学术立场也各不相同，于是就对文化产生了各自的定义。总的来说，文化有狭义和广义的区分。狭义的文化指的是排除人类社会在历史活动中，关于物质创造活动及其结果的部分，对精神创造活动及其结果进行专注，又被称为"小文化"；广义上的文化是将人类社会在历史生活中的全部内容都包括了进去，这是从人之所以为人的意义上来进行立意。一般来说，文化人类学、文化哲学等科学研究者对这种定义更加赞同。现代某一事物或某一地区上，人们使用文化这一概念，用的就是狭义文化的概念，跨文化人际传播与沟通中的"文化"应归属于后者。

在当今社会，跨文化传播因为文化语境的不同，主体之间的交流和交往会形成不同的文化能力，文化特征和心理趋向，这是由于历史、地理、气候、民族等各方面存在差异。所以从基本的构成来说，跨文化视域下的文化包含精神、知识、能力等各个方面，但是由于跨文化有着自己的特质，使得文化有了更高的要求：不仅要培养有人文素质的人，也要注意培养具有两种甚至多种文化语境下的人文素质的人。

### （二）跨文化

人际传播中的"跨文化"并不是简单地单向度地将西方文化输送到东方，或将东方文化输入西方，而是双向度的，应为东西方文化以一种平等、和谐、理性的姿态展开人际传播与交流活动，规避二元对立的思维方式。我们所欣赏的"跨文化"，既非西方文化的简单位移，更非中国文化的原生态延伸，而是对古今的演绎、对中西的对接，是中国千年文化传播的基本脉络，也是全球文化有机组成的一部分。

在这点上，正好与大众所追求的传播的理想状态相一致。"传播"一词本身的意义和内涵就带有共享的意味，在时间或空间中，信息和知识进行双向流动和变化，要想使传播得到理性和感性的动态平衡，使其发挥出对社会发展的巨大影响力，就应使人、自然和社会更加和谐与协调。由于政治、文化、经济等的综合作用，人的传播行为，常常会和自由以及解放人性的追求有些差距，会被各种欲望和目的制约，因而在跨文化传播中，存在着不少干扰因素，造成传播与沟通的不畅。

漫步在历史的长廊中，我们看到的是千百年来我国与他国交往的历史，看到有的帝王以开放、包容的姿态统御一个伟大的国度，万国来朝，国力强大，华夏文明由一个角落传至世界；也看到了闭关锁国的"天朝"一步步陷落在外来文化的侵略之下，有识之士放眼看世界，将中西文化由冲突走向融合，实现二者的合理对接。这些在历史的长河里不曾被遗忘和掩埋的跨文化人际传播的智慧，就像一则则传奇，穿梭在时空的旋涡里却不会被摧毁，不断进步，不断地在时间与空间的转换中沉淀，引导我们在跨文化传播中消弭误会、达成共识。

现如今，我国的经济飞速发展，越来越多的外国人来到中国，体验中国的生活，并且和中国人进行交流。跨文化的人际传播活动成为中国与外界沟通的媒介。人们有不同的符号系统和文化感知，但这些并不能成为影响人们交流的障碍，人们逐渐对中国文化产生了认识,他们每个人都有可能成为现代的马可·波罗,成为跨文化传播与交流的使者。

### (三)跨文化人际传播

不同文化的人一经见面,无论他们愿意与否,或是否意识到,都会用各种各样的言行举止来传递交流某种信息,即他们都在运用自身文化时时刻刻接受和发出信息。跨文化人际传播就是指不同文化背景下人与人之间的传播活动,既可以通过语言传播,也可以使用非语言交流。非语言交流大致包括身势语、空间与时间安排等方面。身势语又包括目视表情、姿态、手势、眼神、接触等。

跨文化人际传播通过面对面展开交流,远胜人们凭借其他媒介的交流,由于面对面交流自始至终伴随着信息反馈活动,跨文化双方都能在第一时间得到积极的反馈,并能同时根据其他非语言来辅助交流,易于绕开障碍、畅顺沟通。在信息传播上既可以是通过语言传播出来的,也可以是通过肢体语言、穿着打扮、举止表情来表现的。像刘备三顾茅庐请诸葛亮出山,虽未与诸葛亮直接对话,其"三顾"行为本身已经充分传递出求贤若渴的信息,之后关于"隆中对"的谈话,则让双方的交流更加清楚明晰。刘备与诸葛亮初次见面,就能相谈甚欢,这是因为二者都在同一文化语境下进行交流,双方能够准确理解对方传递过来的语言和非语言信息。

在非语言的人际传播中,由于不同的文化背景,同一动作会具有不同的含义,有的时候同一动作的含义甚至会截然相反。例如,一位西方的商人和一位日本的商人进行谈判,谈判结束并签订合同之后,西方商人做了 OK 手势,这时,日本商人表情不妙,因为西方商人的 OK 表示很高兴谈成这笔订单,但在日本的文化背景下,日本商人认为,西方商人做出了要钱的暗示,这是因为在日本,OK 手势表示钱的意思,因为这个手势像硬币形状一样,而法国人又将 OK 手势理解为不值钱或者是零,在巴西和德国等国,这一手势又有其他含义,带有一些侮辱性的意味。

传播情境对跨文化人际传播有着重要的影响,良好的传播环境会让沟通与交流变得通畅,反之则很难顺利进行下去。传播情境主要考虑三个层面因素:一是情感因素,要选择让跨文化双方都觉得舒适、安全、放松的交流环境,如鸡尾酒会、舞会、郊游、运动,这些场景都容易拉近双方的文化距离,比较容易进行沟通;二是认知因素,交流一方要努力对对方的价值观、兴趣、需求、思维方式有准确理解，投其所好才能顺利展开交流活动；三是行为因素，指一个人运用语言和非语言手段明确、清晰地进行表达，以达到某种交际目的的能力。若甲乙双方交流，甲比较木讷，甚至一言不发，乙就会做出"你对我没有兴趣"的判断。反之若甲积极引导话题，风趣幽默，乙势必对甲大有好感。

在跨文化人际传播中，沟通既是一个传播过程，也可视为一个传播效果。在传播学上，有效的跨文化人际传播表现为一个积极互动的双向过程，信息能够准确传达到对方，在编码和解码上没有意义的误读或增减，在同情理解的语境中表情达意。好的沟通应该在表达理解、人际融合、解决问题这些层面都有不错的表现。

## 二、跨文化人际传播的常见问题

### （一）交流时常见心理障碍

#### 1. 文化共同性观念

文化共同性观念认为，人都有七情六欲，都需要穿衣、住房、吃饭，都有喜怒哀乐，都有条件反射，因此，这些相似点让大家认为人都是同类，这种观念的影响会形成"人的本性都一致"的印象。

这种观念只看到了人的生物特征，但是人的社会性特征被忽略掉了，抽象地理解了人的本性，文化的多样性被文化共同性所替代，实际上，同一事物对于处于不同文化背景下的人们来说是有着不同的理解的。

我们可以以微笑为例，在日常生活中，微笑是非常常见的表情，但是由于人们处于不同的文化背景，那么对于微笑的思想内涵也各不相同。比如，当美国人见到外国人时，经常用微笑来表示自己的友好，但是一位阿拉伯留学生却表示："当我第一次在校园里走路时，很多人向我微笑，使我感到很不好意思，赶紧跑到洗漱间，检查一下自己的衣服是否穿错了，可没发现什么地方可笑，而现在我已经习惯了所有的微笑。"很明显，留学生最初并没有真正理解微笑的含义，因为双方有着不同的文化背景，导致了误解的产生。

#### 2. 对言行举止的主观评价

在跨文化交流时，人们往往会认为只有自己的文化价值观是正确的，因此，将自己的文化价值观作为标准来对其他人进行评判，但是这种判断是片面的。

一个在美国的韩国留学生写道:"当我们去拜访一位美国朋友时,他打开窗户对我们说:'对不起,我要学习,没时间',然后就关上了窗户。从我们的文化来看,这不可思议。作为房子的主人,不管他喜欢还是不喜欢,不管他忙还是不忙,都应当欢迎客人,主人也绝不应该不开门就和客人说话。"

韩国留学生认为,美国朋友的行为是很失礼的,而美国人认为这样做却并不失礼,这就是由于双方价值观的不同所导致的,在这种情况下,如果不解除误会,就会导致双方关系的疏远。

3. 刻板印象

在跨文化交流中,相对于不同文化背景成员,我们对交流对象的理性和感性知识都较少,因此更容易以一些共性来代表个性。比如,我们常说"法国人是浪漫的""美国人是开放的""德国人是严谨的"等,这些都是刻板印象。这种经过简化后对一个群体形象的描绘,往往包含着主观臆断。我们一旦形成对某个群体的刻板印象,便会以这样的框架去衡量、取舍,甚至歪曲他人的信息。

4. 即时心情

在跨文化交流中,由于了解度、熟悉度不够等原因,很容易出现心情紧张的状况。这是跨文化交流的一个障碍,但它不是独立的,而是渗透到上述各个因素之中的。

在交流中,有时双方都很紧张。东道主一方常因不能保持习惯的语言和非语言交往,产生语言和感知上的障碍,同时又往往对客人的知识、阅历及其对自己的态度不甚了解,这些都是造成心情紧张的原因。东道主常问的一个问题是:"你喜欢这儿吗?"这是一个认定性问题,或至少是一个试探性问题,其目的在于减少未知或为必要的防御心理提供依据。谈话的另一方就更容易紧张了,异域文化的环境使其感到陌生,他们常孤立无援地去应付各种信息,常感到难以对信息做出正确、合理的解释,因而自尊心常常受到难以忍受的伤害。

误解、文饰、心理过度补偿(为补偿心理上的缺陷而过分努力)等正面努力,或借故生事、形成敌意等防御措施都不利于顺利地交流。

(二)交流后常见心理反应

1. 文化休克

当人们大量接受了文化信息之后,会产生一种反应,特别是当第一次在异国他乡生活的时候，会产生不同程度的文化休克（Cultural Shock）。

1960年，文化人类学家奥伯格首先提出了"文化休克"这一术语，并对这一术语进行了定义：由于不熟悉对方的社会符号，同时失去了自己熟悉的社会符号和交往的信号，心理上产生了深度的焦虑症。

一般来讲，我们将文化休克的整体过程分为四个阶段：第一个阶段是蜜月阶段，第二个阶段是沮丧（或敌意）阶段，第三个阶段是调整阶段，第四个阶段是适应阶段。在文化休克过程中，人的适应程度呈"U"形曲线。

第一，蜜月阶段。这个时候，人们的心理上呈现一种乐观的状态。此时，人们非常兴奋，这个阶段一般会持续一段时间，可能是几个星期，也可能是半年左右，这个阶段的人们会对国外旅行充满美好的愿景，人们会对没有接触过的食品、人物、景色等感到新鲜、感到满意。一般的旅行大多数是处于这个阶段，并不会产生文化休克的现象，但是如果一个人有足够长的时间来接触这个新的文化环境，那么就会逐渐过渡到第二阶段。

第二，沮丧阶段。这个阶段的人们逐渐情绪低落，甚至渐渐地会感到焦虑、烦恼和失望。这个阶段一般会持续几个星期到几个月（不过也有人不会经历这个阶段）。在这个阶段，处在异域文化中的人由于人、地两生，缺少援助，会遇到很多迷茫和挫折。由此产生的反应主要有两种：一是敌意，有些人可能会故意嘲笑所在的地区或国家，甚至可能以损害个人或公共财产来发泄其不满；二是回避，有些人可能会避免与当地文化接触，他们不愿意学习当地语言，不愿意与当地人交往，而只喜欢与"老乡"待在一起，在特别严重时，甚至可能由于心理压力太大而返回家乡。

第三，调整阶段。在经历了第二阶段——沮丧阶段之后，人们开始逐渐调整自己的状态，慢慢地找到了对付新环境和新文化的方法。在这一阶段，他们对当地的食物、语言和风俗习惯渐渐熟悉，体会到异域文化并不只是会带来不舒服的感觉，他们会渐渐感受到新文化的优点，随着他们与当地人接触得越来越多，他们也会有一些属于自己的友谊，于是心理上不会再感到孤独，沮丧感、失落感等负面情绪也会逐渐减少，随着时间的流逝，人们会对异域文化的环境慢慢适应。

第四，适应阶段。这一阶段进入异域文化的人们完全摆脱了沮丧、烦恼、焦虑情绪，适应了新的文化及其风俗习惯，并能与当地人和平相处。

"文化休克"不是生理疾病，而是由于缺乏必要的与异域文化相关的知识或技能而造成的。根据文化差异的大小和人的既有文化知识的多少，不同的人其文化休克程度也不一样。例如，儿童由于对家乡文化了解不多，进入异域文化时较少存在社会符号混乱的问题，因而较少存在，甚至不存在文化休克的问题；成年人则反而适应能力较弱，文化休克问题也较严重。另外，有过异域文化生活经历的人，其在新文化中的适应能力也较强。

2. 重返本文化休克

当一个人生活在异域文化中很长时间，经历了各个阶段，经历了文化休克，对当地文化逐渐产生了适应，但是当他重返故乡或重返祖国的时候，就会出现新的轻微的文化休克及重返本土文化休克。重返本土文化休克常常会被人们忽略，因此，有过这种情况的人会通常默默忍受，其中有一部分儿童，甚至需要对他们进行心理辅导。

重返本土文化休克和文化休克的心理变化过程没有很大的区别，对文化休克转重返本土文化休克的现象用"W"形曲线来描述是最为恰当的。当然，比起文化休克，重返本土文化休克发生的比例要小一些，严重程度也会低一些，通常情况下，也不一定会完整地将四个阶段都经历下来。

## 三、跨文化人际传播的应对策略

### （一）尊重和利用双方个性

跨文化交流时由于双方的背景、经历常常在很大程度上不同，出现误传、不解的概率也较高，双方的差异也会比共同点更容易得到显现。在一般交流过程中也不可能期待一方迅速得到改变，因此要使交流继续进行，唯一的办法就是求同存异，双方都充分尊重对方的个性特点。

1. 相似吸引

俗话说"酒逢知己千杯少"，交流双方如果发掘到了足够多的共同点，就容易敞开心扉，甚至无所不谈。一般来讲，双方主要的相似点常表现在外貌、背景、个性、态度、价值观等方面。交流双方若感受到彼此的共同点，则容易形成人际吸引力，主要表现在以下三个方面：

第一，外貌气质吸引。外貌主要指身体相貌，气质则指文化修养等。外貌吸引往往是短暂的，常是人们彼此交流的最初契机，当交往经过一段时间后，其他的吸引就会变得更为重要。对于外貌和气质，不同文化的人有着不同偏好，如美国人偏好漂亮的长相、伊朗人比较强调机智、印第安人则更强调勇敢等。

第二，工作能力吸引。工作能力是社会期许交际对象所拥有的技能和知识。在不同的文化背景下，这方面的差异也很大。如古代中国，"万般皆下品，唯有读书高"，在这一现象的影响下青年女子大多会被读书人所吸引，比如喜欢《白蛇传》里面的许仙，《西厢记》里面的张生；美国人则会对此表示不理解，因为他们会更欣赏男子拥有健康的体魄，或者拥有某项技能，他们对白娘子喜欢没有阳刚之力的许仙而感到困惑。

第三，社会交往能力吸引。社会交往能力是工作能力之外又一个很重要的因素，也可以将其称之为沟通能力，这能力主要是指一个人处理纠纷、保持交往和言谈等能力。

那么相似性究竟是怎样对人际传播的效果造成影响呢？下文将主要从以下两个方面来进行阐述：

第一，相似性与信息分享。分享信息是人际连接的纽带，人在感到相似性的情况下，更容易分享信息，因而交际也更有效。

第二，相似性与说服。在日常生活中，朋友、同事、家人等常常是人们获取信息的来源，我们与这些人朝夕相处，这种关系会潜移默化地使我们的情绪行为和知识得到改变，这些关系中，大家是互相熟悉并且彼此信任的，这会使得说服作用更加强烈，相似性也是如此。比如在1954年，马什和科尔曼进行了一项研究，主要是对采取新工作方法的农民与宣传这项信息的人的关系进行了探究，结果表明，农民和宣传人之间相似性越高，宣传人就更容易说服农民采用新的耕作方法。

2. 互补吸引

在跨文化交流中，人们之间有很多不同的方面，但是大家能够彼此容忍，在这个前提下，彼此之间的不同也会吸引人们展开人际交往。这是因为，两个各方面相似度太高的人，往往很难相互提供新的信息，而具备与自己迥然不同的某些特质且互补的人，也许关注到了自己没有涉及的信息。比如在晚宴上，如果在一群西方装束的女性中间，出现了一位身着旗袍的东方女性，那么她就很有可能成为人群的焦点。

**（二）理解他人**

1. 理解人格观念的差异

人格是一个心理学的概念，在心理学家看来，人们对于人的性格和心理活动普遍都有着自己的理论和看法。通常来说，个别人的思想和感情不会被所有人理解，但是人们在一定程度上知道什么样的人会做什么样的事以及做这些事情的原因，这就是所谓的"朴素人格理论"，这种理论就是一种普遍的看法，是对一类人的普遍联想。

跨文化交流有一个问题就是，人处在不同的文化中，那么他们就可能会产生不同的人格理论。社会心理学家哈弗曼曾经有过这样的发现，对于某些人格特质及其对行为的影响，中国人和美国人会产生不同的看法，同样的，中美之间的对比也可以延伸到东西方之间的对比。

在所有的人格观念差异中，对社会关系的认识恐怕是最为千差万别的，如对个体主义、集体主义的认识就属此类。除此之外，不同文化社会关系观念的差异，还体现在如下几个方面：

（1）平等观念

平等观念是西方文化中经常被强调的，也影响着西方人行为的方方面面，从某种程度上说，东方人则比较容易接受社会中存在的不平等差异。

在跨文化交往方面，这种观念对沟通方式的影响是明显的。越是强调平等观念的人，在沟通过程中就越会显得随意而非正式，他们使用名而不是姓来称呼对方，他们更多地表现出友善的姿态，而不会有敬畏和尊重的行为。同时，具有平等观念的人，也更容易相信人的社会地位是可以变化的，更欣赏那些通过自我奋斗而成功的英雄，在人际交往中容易接受对方的恩惠，也比较容易和对方开玩笑。

（2）实用关系和亲情关系

实用关系和亲情关系是相对于平等观念的又一组社会关系观念。西方文化的人际关系理论建立在实用主义基础之上，强调的是关系的功用性。因此，在跨文化沟通中，西方人往往表现得直接、坦率；在商务沟通中，更强调合同；在关系预期上，更强调对等的交换。相比之下，东方文化则更强调关系的长远意义，在交谈中更讲究礼貌；在商务中，更重视关系的建立；在关系预期方面，也不会像西方人那样追求即时的平等，甚至会牺牲自己的部分利益来达到关系的稳定。

2. 理解时间观念的差异

不同的文化有着不同的时间观念，这主要体现在两个维度上：一是对时间作为资源的态度，是看作稀有资源，还是看作无穷尽的资源；二是对时间跨度的强调。

有的文化把时间看作无穷的资源，不去刻意控制和掌握时间，而是把生活交给命运。有的文化把时间看作稀有资源，认为在生活中应该尽量利用时间，否则不可能在有限的生命中做出有意义的事情。在这一点上，西方和东方认识接近，都把时间作为一种稀有资源来对待。

时间跨度主要设计的是某种文化到底强调的是短期的还是长期的时间观念。霍斯伯格曾发现，不同的文化有着不同的时间、知觉的框架。西方文化的时间观念是短期的，他们主要强调实现近期的目标，他们更加关注现在的生活，对于未来的发展和未来的影响，他们并不太在意，也不愿意为此做准备。他们更容易接受奢华的事物，这种短期的时间观念可能就是美国信用卡危机的原因。东方的儒家文化强调是长期的时间观念，强调要努力工作，要坚韧不拔，为自己的未来打算，认为人的生活必须要有目标。

### （三）增强说服技巧

在日常人际传播中，我们经常会使用一些小技巧，来达到说服的目的。在跨文化人际传播中，技巧的作用或许更加重要。心理学家们发现，增强说服力实际上使用了以下三个原则：

1. 说理原则

说理原则是通过让人明白"为什么"和"怎样"来达到说服的目的，从而为自己的目标服务。这种方式所产生的效果一般比较长久。它遵循了几个更细微的心理学原则。

首先，说理能够让人受到信息的影响，所遵循的是"心理一致性"原则。为什么说理能够产生效果？因为人们常常要求自己的态度、行为与目标、价值观保持一致，而不愿忍受其中的矛盾。因此，当说理足以影响个人的目标和价值判断时，其态度和行为就会协同转变。

其次，说理也依赖"自我效能感"原则，换句话说，人们的自我期望和自我意识能够被说理激发，有了自我期望和意识，就会对事物产生积极的反应，做出积极的行为，同时也会有更长时间的自我坚持。斯坦福大学的心理学家班杜拉提出了这一理论，他认为，存在这样一些人，他们的自我效能感是很低的，通常会产生一种回避的倾向，而且随着时间的流逝，他们就会有更低的自我效能感，也不会有更好的自我努力。如果自我效能高，说明行为可以受到内心的目标、信念和看法的影响，而这些行为又会对环境造成影响，再进一步由行为引发的环境事件，又会对个体的自我印象产生影响。

最后，说理有一个原则是"承诺规则"。这个规则对我们提出了要恪守承诺的要求，如果违背诺言，人们就会产生不信任感，产生厌恶。因此，如果一个人做出承诺之后，他就会倾向于使自己的言行与承诺相一致。如果劝说者主动采取承诺，例如，商家进行公开的承诺，通常情况下，对方都会对此非常重视。

2. 互惠原则

通过给对方某种利益和回报，得到他们的承诺，这种方式的实质是以互惠的方式来影响人们的行为。心理学家已证实了互惠原则在人际交往和劝服活动中的普遍性。当然，互惠原则的使用有很多具体的方式和小技巧。

第一，"闭门羹"技巧。这种策略的一般操作是，提出一个几乎必然被拒绝的请求，这个请求固然不会被应允，但是对方在拒绝的同时多少会有一点儿"亏欠"心理。这时请求者便可以再提出一个小的请求。研究发现在很多情况下，这比直接提出那个较小的请求更容易取得劝服效果。这样的策略之所以容易取得成功，是因为当请求者缩小自己的请求时，对方在觉得"亏欠"的同时，也容易觉得请求者作出了一定程度的"让步"，而为了报答这个"让步"，或许需要"回馈"一点儿什么。

第二，折扣技巧。这种策略也是涉及了互惠原则，与"闭门羹"技巧有相似之处，这种策略不需要让对方先拒绝后答应，而是让其进行讨价还价。我们可以以促销活动来类比，商家通过打折、搭售等方式让消费者感受到优惠，消费者之后就会购买这些优惠的商品。人际传播中也是同样的道理，特别是在跨文化传播中，如果能够在对方容易感到孤立的时候，或者在对方容易感到焦虑的时候，给对方一些优惠，或许就会取得事半功倍的效果。

3. 奖惩原则

奖惩原则是说服的原则之一，这种原则有很多应用，人们通常会采用奖励或者威胁的方式来满足自己提出来的要求，或者劝别人遵守自己的要求。下文将从两个理论来对其心理学基础进行阐述。

（1）行为主义学习理论

斯金纳提出了行为主义学习理论，主要是对后果影响行为这一观点进行了强调，说服者试图让个体关注后果，从而使得个体行为受到影响。这种后果对行为的影响，主要通过以下两个模式来进行体现：

第一种模式是当行为出现正面的奖赏结果时，先前行为的频率会得到大大的提高，这种情景的刺激起到了强化的作用；当出现负面惩罚的结果时，这种情景的刺激起到了弱化的作用，先前行为的频率会大大的降低。这种模式的心理学基础就是使结果、反应和刺激之间将一定的关联建立起来，这种关联就是条件反射。

第二种模式是情境有信号功能，并且情境能通过此功能刺激行为，对被强化的事物进行提示，包括根据行为何时何地会发生，所以，某种信号一旦给出，就会使某种结果得以形成。

（2）社会学习理论

社会学习理论由斯坦福大学心理学家班杜拉提出，他认为有以下两种形式的学习：

第一种是工具性学习。在这种情况下，行为的结果对环境产生影响，当行为的结果令人满意时，相应的行为就会被重复，最终成为一种习惯。人们喜欢重复那些能为自己带来好处的行为，当行为能带来益处时，这种益处就成为一种正面的强化，即奖赏；如果行为带来负面的结果，人们就会试图逃避之，也即有了惩罚的效果。

当行为比较复杂或个体难以学习到这种行为时，就必须依靠第二种影响模式，即塑造。在这一学习过程中，最初只有在某些类似目标行为的时候，不给予奖励；然后逐步提高要求，严格标准，只有当某些行为与目标行为越来越相似时，给予奖励；最后只有当目标行为真正出现时，才给予奖赏。例如，家庭中对孩子做家务行为的塑造，最开始只要孩子有所行动就给予奖励，最后则根据做家务的效果有选择地给予奖赏，这便是一种塑造行为。

# 第六章 人际传播的变化与展望

随着现代信息科技飞速发展，人们的生活方式、沟通交流方式发生改变，人际传播也随之出现新变化。本章主要阐述人际传播的变化与展望，包括人际传播的新变化与人际传播的发展趋势两部分内容。

## 第一节 人际传播的新变化

人际传播是由社会存在即社会的政治、经济、社会结构等所决定的。社会存在决定社会意识，决定了人际传播双方的社会地位与价值思想观念，决定了传播的动机和内容，决定了调节和控制人际传播的各种规范。所以，不同的社会存在决定了不同的人际传播。本节主要探讨在新的社会环境下，人际传播出现的新变化。

### 一、多元化

人际传播与交往的关系，在很大程度上受到了经济体制变革的影响。现阶段，我国实行的是社会主义市场经济体制。在这种经济体制下，多种所有制成分并存，经济活动的领域扩大，人们活动于一个更广阔的背景下。此时，人际传播与人际交往呈现出多元化的特征，无论是交往对象、内容形式、媒介还是纽带都呈现出多元化特征。

#### （一）交往对象的多元化

交往对象的多元化主要体现在以下几个方面：

首先，随着竞争越来越激烈，人们对职业的选择是个人与企业双向选择的结果。人的一生中会多次更换职业，可能是工作需要，也可能是出于自己的意愿。

人们职业不同，通过咨询、接触和考察会接触更多职业的人，也会接触不同地位的人，人们的交际范围越来越广，交际层面越来越多，交往对象也越来越广。

其次，由于人才交流、学术交流和经济交往等社会活动越来越多，人们有更多的机会自愿组合或主动参与到一些人际关系中。一些学校还会为了加强联系和交流，给学生提供去外国或外地学习的机会。现在社会上也有很多的社团、群体和协会，人们有了更多的社交场合，人们的交际动机可以在多层次、多方面实现。在群体中，人们可以掌握更多的知识，也可以通过交换信息，掌握更多的技术，使自己的社交愿望得到满足。

### （二）传播内容与形式的多元化

人际的沟通与交流内容扩大到社会生活的各个方面，如经济、股市、技术、文化、家庭和爱好等都成为人际传播的重要内容，人与人之间的关系也因此多元化。

从交往的形式来看，过去主要表现为管理、服从、顺应，彼此间的传播是上级下达命令、下级服从命令这种较为单一的形式。随着人们的自主权逐渐被重视，上级对下级不再是颐指气使地命令，他们在下达任务的时候会充分考虑到下级的自尊和意见等；被管理者对管理者的命令也不再是单纯的服从，而是可以提出自己的意见或建议，并可以和管理者平等地讨论，从下至上以及横向地沟通交流。

### （三）传播纽带多元化

人际交往的纽带逐渐由传统的单缘向多缘转变，由一元向多元转变。所谓"缘"指的是关系或者是纽带，"人情"是人们在日常交往中维持人际关系的主要纽带，具有"缘"的单一性。随着经济的不断发展，改革开放的不断深入，人际关系不再是单一的模式，人际关系有了更多的交往形式和手段。人们渴望丰富多彩的生活和更多的人际交往，为了能让自己进行更多的尝试和锻炼，创造很多机会来实现自我存在的价值。因此，渐渐地，人际关系网形成了，这种人际关系网层层相叠，环环相交，以地缘、血缘、网缘和机缘为基础，人际交往也逐渐从一元化转向多元化。

### （四）传播媒介多元化

在网络媒体发达的现代社会，人与人之间更多地借助网络这一媒介进行间接传播。同时，现代信息社会的组织机构也发生了相应的变化，组织内的各种信息不再是上下传递，而是依赖于部门之间的电话，或是通过网络综合起来传递，以提高工作效率。

尽管间接传播在人们生产生活上的用途越来越广，给人们的日常生活提供的方便也更多，但是人们对直接传播的兴趣也十分浓厚。人毕竟是一种情感动物，除了接收传播方的信息外，更希望与对方聚集在一起，面对面地进行人与人之间的直接交往与传播。

## 二、开放化

现代社会发展得越来越快，尤其是现代企业的发展速度，人们之间原有的封闭圈已经被打破了，交通通信发展迅速，更加详细的社会分工使得人们的人际交往空间范围更广。人口流动也逐渐增大，使得人们有了更广泛的交往面，人们能够更好地了解市场和信息。在这种情况下，原有的人际关系发生了巨大的变化，人们的交往也越来越强。

人际传播的开放性主要体现在原有的无形界限和封闭状态被打破，集体的交往和个人的交往范围变得更加广阔，并且有了进一步发展的趋势。现代人的交往除了需求感情，还希望增加交往，并期望在这个过程中能够找到新的朋友、得到新的发展机会。

就个人而言，个人的交往使得血缘关系的封闭性不再是人们的束缚，男女交往的限制性也不再对人形成禁锢。人们现在可以走南闯北，地域限制已经不存在，人们能够进行更多的信息交流，人际关系得到迅速发展，人们的个人交往也更加多样化，人际关系迅速发展，交往频率也明显增多了。虽然人们年龄不同、职业不同、国籍不同，但是仍然形成了多层次、具有开放性的人际关系，我们也可以说，人际传播完全可以在具有交往意愿和交往需求的两个人中进行，两个人真心相待、互诉衷肠，就会成为朋友。

人际关系的转变，逐渐从封闭型到开放型，这体现出了个人社会化程度的逐步提高。人际关系如果越来越开放，那么一个人就会有更开阔的眼界和更强的创造能力与适应能力。社会主义市场经济不断发展，人们狭隘的封闭观念也得到了进一步改变，人们的社会交往范围逐渐广阔起来，新型的人际关系逐渐建立起来，这为事业成功都打下了基础。

### 三、理想化

双方背景会影响到传统的人际传播，因为人们在交流时要对社会的行为规范进行遵守，同时还要对自己的社会角色进行考虑，这些因素对人际传播的进程和方式始终起着制约作用。但是在互联网中，人们有了一个相对自由、相对平等的发言空间，网民们可以发表自己的意见、表达自己的心声，他们具有同等的机会，而现实社会中经济能力、权力地位和社会地位等的限制，也将会被突破。

与此同时，网络具有匿名性的特征。在互联网中，人们可以不用暴露太多自我的真实面目，而是可以隐匿自己的真实身份，主动塑造一个全新的自我，并且重新创造相应的人际关系。除此之外，人们也可以获得更大的隐私空间，因为非面对面、非即时的社交方式，可以与他人保持一定的社会距离。

网络是一个自由的生活环境，大家彼此分离，但是又能共享一个宽松的氛围。这种环境不仅没有现实社会带来的压力，而且人们的心态也会更接近"本我"。互联网具有虚拟性，人们不会因为等级、利益、相貌和身份而限制交往，而现实社会中，人们居住一起，却未必有平等的人际关系，也可能会得到改善，人们会更多地进行自由平等的交流。互联网为人们提供全面发展和自由的空间，这是其最重要的功能之一，鼓励人们最大限度地挖掘自己的潜力，并且将其展示出来。

## 第二节　人际传播的发展趋势

科学技术的发展越来越快，人际传播的传播方式也越来越多样。在尼古拉斯·尼葛洛庞帝提到的未来生活中，全新的人类交流文化已经形成，人们可以用多样化的网络语言来进行情感的交流，人们也可以通过网络感受虚拟的生活状态和人际交流的过程，在未来，人际传播也有更多样的发展趋势。

媒介生态学派曾提到，媒体社会未来发展就是创造一个全面协调和谐发展的社会，"人—媒介—社会—自然系统"的模式是一个趋势。媒介逐渐发展，人际传播媒介也在发展中逐渐向无形化的方向发展,传播主体之间的无间隙传播更加便利。

## 一、全景式传播

全景式指的是方方面面,全景式传播就是采用多种媒介手段传送信息,并且能够针对传播主体进行传播,而授权的对象就像在拟态社会中一样,接受信息的传播。全景式传播的特点主要有以下几个方面:

第一,信息通道多。我们可以将全景式传播比喻成一个大玻璃房子,在这个大玻璃房子内的墙面上,每一个毛孔都是信息通道,信息都能够在其中发送和接收。

第二,信息通道无形化。在全景式传播这个玻璃房子内,墙面光线有着极快的传播速度,其传播的精确位置,人们并不能准确地捕捉到,此时,人们接收信息处于无形当中,是下意识的状态。

第三,信息传播反馈强。如果这个玻璃房子内的墙面上全部都是人际传播信息,当信息发出后,有的被反弹,有的被接收,接收之后就能及时地对各种信息进行了解,而未被接收的信息则会形成群体传播,因为其已经经过了多次的反弹,甚至还会形成大众传播的态势。

第四,信息人为可控化。传播主体处在这个玻璃房子的中间,可以通过掌握遥控器对各种信息的内容和传播状态进行及时了解,能够对个人信息进行接收把关。

人际传播未来发展走向也必然是全景式传播。主要从以下几个方面可以看出:

第一,多媒体化。在房子内的授权者可以接收各种传播信息,包括文字、语音和视频,人类的所有器官都受到了人际传播工具的组合和开发。语音功能对人类的听觉器官进行了开发,短信功能则对人的视觉器官进行了单一的开发,而且能够使人对信息的传播状态进行及时了解,语音功能则开发了人类的听觉器官,视频功能又对人类的视觉器官和听觉器官进行了开发,这种传播逐渐走向多媒体化。

第二,受众多元化。传播的信息是能够进行折射和多次反射的,整个房子内的传播主体都能够对信息进行接收,哪怕有些信息并不是直接传播给自己的,但是多次或多项的信息传播会使得信息传达到不同类型的受传者身上。所以说,人际传播能够进行陌生人信息传播或者群传播。

第三，媒介无形化。在现代社会中，获取信息已经成为生活的一部分，每个人都意识不到自己处在一个拟态环境中。随着自媒体的不断发展，每个人都能够通过自己的信息主控牌对信息进行随时随地地发送和接收，就像人们带着手机一样，每天都在等待着电话响起的那一刻。

第四，信息跟踪。系统传达能够使人们及时地对信息的传播状态进行了解，人们能够通过掌握信息的社会影响，对下次的人际传播活动起到优化的作用。

在全景式传播环境中，传统人与人之间的多媒体传播能够被人们更加真实地体会到。由于人类的传播需求产生了变化，这些媒介也发生了变革，全景式传播提高传播主体的媒介素养、优化媒介的传播环境。在多元化信息传播的过程中，人类要对信息进行甄别，区别有用的信息和无用的信息，对更适合人类感官的传播生态进行探索。长时间下去，人类生活就会包含媒介的人际传播行为，这样就实现了人类社会与媒介社会的无缝结合。

## 二、重新部落化

针对人与人之间的距离提出了部落化，以传播距离为衡量标准，形成了传播学领域的部落。部落化就是当人与人之间能够对信息进行瞬间传递时，通过信息传递通道而形成紧密的人际关系网。重新部落化，就是在新媒体传播环境中，人类形成紧密的人际传播关系网。麦克卢汉预测人类未来社会重新部落化的主要体现是由群组转化为地球村。

相对于部落化的进化，重新部落化主要表现在以下几个方面：

（1）以媒介素养差别实现部落化。传统部落化传播的信息大多是家长里短，因为其划分标准是地理位置，所以对于大众化的话题较少涉及。重新部落化后的部落媒介素养大致相同。因为要想和掌握媒介技能的人进行沟通，自身就必须要掌握一定的媒介技能，就像在网络刚出现时，年轻人更多通过网络来扩大社交，认识更多的年轻人，而由于技能问题，年长者仍然局限于传统的语音通话等技能的使用。这样就逐渐形成了新的划分标准，在这个划分标准下，又形成了部落的层级化，层级的知识鸿沟是依旧存在的，只有当普遍提高了大众的媒介素养和传播技术进一步发展的时候，才能消除层级。重新部落化后，大众话题成为人际传播的话题，人际传播的固定议程也一般是公共事件。

（2）重新部落化后的部落呈扩大趋势。在新媒体的帮助下进行重新部落化后的部落，能够和地球另一端的传播主体进行沟通，群落的体积和容纳性得到大大的提高，传播的群落可以容纳不同的人。在新媒体环境下，通过五个人就可以联系到平时无法联系的人物，整个地球形成了一个高科技的村落。

（3）重新部落化后的部落传播效率提高。在原始部落中，人与人必须要进入同一区域才能进行沟通，而且是面对面的对话，而重新部落化之后，人们可以通过媒介随时进行联系，无需再进行预约，路程上的时间也节省下来，这样不仅充裕了传播的时间，也提高了媒介的生态，传播内容有很强的针对性，也使效率得到提高。

重新部落化是对历史发展的顺应，传统部落之间的传播方式也能够实现，人与人之间的传播，可以通过肢体语言、文字或者语音等来进行。重新部落化，使得人际传播变得更加方便：人们能够及时对情感状态进行沟通，使自己的心理需求得到满足；人们也能够及时反馈传播信息，使人们及时根据信息的传达情况进行反映，噪声对人际关系的影响也能够得到消除；人们能够对社会动态进行及时检测，从而对自我状态进行调整，来满足社会需求。这样一来，信息更新的速度会更快，信息流动的速度也会更快，对良好的人际交往环境的营造有促进作用，对于人际传播形态的快速发展也有推动作用。

### 三、更加人性化

保罗·莱文森指出，人类媒介的发展会越来越人性化，尼葛洛庞帝也指出，自我表达的个性化、真正实现个人化以及对自我进行表达的自由是后信息时代的最根本特征。人们获取信息和传递信息的工具是媒介，个人自身感觉延伸的工具也是媒介，媒介技术是在不断发展的，并且它逐渐延伸至身体的各个感觉，在信息传播的过程中，人类能够摆脱时空和自身的限制，对于发展新媒体技术也带来了更高程度的时空超越，人们自由平等的交流有了更加人性化的途径和手段，传授双方在情感和信息方面的深层需求，都得到了满足。

从整个媒介发展的历程来看，媒介发展的动力是人的需求和技术的革新，它们之间相互促进、相互依存。由于技术的不断发展，人的需求得到了满足，但同时，人们也有了更高的需求，这种更高的需求，又会刺激更高技术的发明。总而言之，媒介技术发展就是为了给人类提供满足其更高需求的工具，这使得媒介的人性化特性更加明显。

在新媒体环境下，人际传播的发展方向会更加人性化，主要表现是个人需求的人性化发展和新媒体功能的人性化发展。新媒体的人性化功能主要是要体现人工智能，在人际互动中的服务能够首先关注用户的体验和感受，使得新媒体和人实现一体化，通过用户对新媒体提供的服务和产品，使得个人需求更加人性化，在使用新媒体时，人们不仅希望能够无障碍地接收和传递信息，而且还希望能够畅快愉悦的完成信息的交流，使自己身体的各个感觉都能得到满足。随着科学技术的发展，智能手机、WIFI、5G技术已经到达了很高的人性化程度，移动端和计算机终端的对接，使得人际传播能够全方位地得到服务，人们也能够更加自由便捷地对这些应用进行获取和使用。虽然现在已经足够便利，但这不可能是技术的终点，在未来，人性化的应用和技术会不断出现，并且取得更大的进步。

# 参考文献

[1] 靖鸣，张莹.主体身份与传播话语的互构及作用 [J].中国广播电视学刊，2021（12）：34-37.

[2] 王振晓，陈勤.微信、QQ功能迭代与网络人际传播变迁研究 [J].北京印刷学院学报，2021，29（09）：17-22.

[3] 王君.探析人际传播中的有声语言传播 [J].传媒论坛，2020，3（09）：154-155.

[4] 许孝媛.作为媒介的猫：人际传播的联结与障碍 [J].北京社会科学，2019（10）：89-99.

[5] 王蕾.国内外人际传播研究评述 [J].传媒论坛，2019，2（07）：107-109.

[6] 李岩，林丽.人际传播的媒介化研究——基于一个新类型框架的探索 [J].编辑之友，2019（04）：57-61.

[7] 周子云，邓林.社交媒体人际传播的三个特点 [J].青年记者，2018（21）：26-27.

[8] 袁锋.大众传播环境下人际传播效果探究 [D].南宁：广西大学，2017.

[9] 陈力丹.语言和非语言的跨文化传播 [J].东南传播，2017（03）：22-25.

[10] 马珺.匿名社交网络中的自我呈现与人际传播 [D].北京：北京邮电大学，2016.

[11] 陈力丹.人际传播的技巧和要件 [J].东南传播，2015（12）：50-53.

[12] 张明.自媒体时代人际传播的特征 [J].青年记者，2015（32）：59-60.

[13] 陈力丹.社会关系与人际传播 [J].东南传播，2015（11）：32-35.

[14] 王怡红.论"人际传播"的定名与定义问题 [J].新闻与传播研究，2015，22（07）：112-125.

[15] 马珊珊.网络人际传播的社会化交往研究 [D].合肥：安徽大学，2015.

[16] 董瑞. 从"人际传播"到"新人际传播"[D]. 西安：西北大学，2014.

[17] 严许嫘. 手机人际传播研究[D]. 杭州：浙江工业大学，2013.

[18] 李艳. 中国传统人际传播范式探析[J]. 内蒙古农业大学学报（社会科学版），2012，14（06）：285-286.

[19] 林昇辉. 人际传播与大众传播的融合[J]. 中国传媒科技，2012（20）：247-248.

[20] 孔玮. 人际传播视野下的SNS研究[D]. 兰州：兰州大学，2010.

[21] 胡春阳. 人际传播：学科与概念[J]. 国际新闻界，2009（07）：36-40.

[22] 刘蒙之. 美国的人际传播研究及代表性理论[J]. 国际新闻界，2009（03）：123-128.

[23] 翟学伟. 本土的人际传播研究："关系"的视角与理论方向[J]. 新闻与传播研究，2008（03）：40-43，95.

[24] 洪晔. 网络人际传播与传播的"部落化"回归[D]. 长春：东北师范大学，2007.

[25] 陈燕. 人际传播：符号互动论与社会交换论的比较研究[D]. 合肥：安徽大学，2007.

[26] 王怡红. 当代人际传播研究与对话问题[J]. 学习与实践，2006（11）：152-158.

[27] 张放. 非语言符号在信息传播中的特点与功能[J]. 东莞理工学院学报，2006（05）：69-72.

[28] 陈力丹. 试论人际传播[J]. 西南民族大学学报（人文社科版），2006（10）：191-197.

[29] 陈力丹. 试论人际关系与人际传播[J]. 国际新闻界，2005（03）：42-48.

[30] 张晓菲. 西方人际传播理论研究评析[D]. 武汉：武汉大学，2005.